AF144967

Ernst J. Paraquin

Die französische Gesetzgebung

Rechtsgeschichtliche Einleitung und Gerichtsorganisation - 1. Band

Ernst J. Paraquin

Die französische Gesetzgebung
Rechtsgeschichtliche Einleitung und Gerichtsorganisation - 1. Band

ISBN/EAN: 9783743642669

Hergestellt in Europa, USA, Kanada, Australien, Japan

Cover: Foto ©Suzi / pixelio.de

Weitere Bücher finden Sie auf **www.hansebooks.com**

Prospectus.

Im Verlage der Unterzeichneten erscheint:

Die

Französische Gesetzgebung;

dargestellt

von

Ernst Julius Paraquin.

In sechs Abtheilungen. gr. 8⁰.

Dieses von dem Herrn Verfasser, einem rheinbayerischen Juristen, den Gebildeten aller Stände überhaupt, sowie seinen Berufsgenossen in den Ländern des deutschen Staates insbesondere gewidmete Werk umfaßt die gesammte Civil- und Strafgesetzgebung Frankreichs in klaren, bündigen und doch erschöpfenden Zügen.

Der Darstellung der Gesetzgebung ist eine rechtshistorische Einleitung und die Gerichtsorganisation (Richteramt, öffentliches Ministerium, Anwaltschaft, Advokatur, Notariat, Gerichtsschreiberei 2c. 2c.) vorausgeschickt, neben welcher auch das zum Verständniß Nothwendige über Organisation und Competenz der Administration seinen Platz findet.

Das Ganze erscheint in sechs Heften von je 6 bis 8 Bogen. Einleitung und Organisation bilden den Inhalt des ersten Heftes, dem in monatlichen Zwischenräumen die fünf andern folgen, deren erstes das Civilrecht, das zweite den Civilprozeß, das dritte das Handelsrecht, das vierte das Strafrecht und das fünfte den Strafprozeß behandeln.

Einem jeden Hefte ist ein Inhaltsverzeichniß beigegeben.

Der Preis eines Heftes richtet sich nach der Bogenzahl; der Preis eines Bogens wird circa 8 kr. betragen.

Literarisch-artistische Anstalt
der J. G. Cotta'schen Buchhandlung.

Die

Französische Gesetzgebung;

dargestellt

von

Ernst Jul. Paraquin.

I.

Rechtsgeschichtliche Einleitung

und

Gerichtsorganisation.

München, 1861.
Literarisch-Artistische Anstalt
der J. G. Cotta'schen Buchhandlung.

Vorrede.

Seit etwa zwei Dezennien hat sich in den Staaten des deutschen Bundes im Felde der Gesetzgebung eine nie geahnte Thätigkeit entwickelt, und im entsprechenden Verhältnisse das Interesse aller Schichten der Staatsangehörigen für die Werke der Gesetzgebung gesteigert. — Der in Folge der technischen Erfindungen der Neuzeit täglich an Lebendigkeit und Ausdehnung zunehmende Verkehr der Völker, die tausendfach hieraus resultirenden Combinationen des socialen und Geschäft-Lebens, vor allem aber der Sieg des constitutionellen Systems in dem Staatsrechte der deutschen Stämme, welcher an Sicherheit und Nachhaltigkeit von Jahr zu Jahr in den erfreulichsten Dimensionen zunimmt, sind die Factoren obiger Erscheinungen.

Ueberall aber, wo es sich um die Umgestaltung und Reformirung der vorhandenen Gesetze und um die Schöpfung neuer handelt, kömmt jene außerordentliche und merkwürdige Gesetzgebung zur Sprache, die sich in Frankreich unter dem Einflusse der Revolution

1*

am Schluſſe des vorigen Jahrhunderts entwickelt, und dann unter dem Kaiſerthum ihre Ausbildung und völligen Abſchluß gefunden hat. — Wir ſind glücklicherweiſe über den ſtarren und unfruchtbaren Standpunkt hinausgekommen, das Gute zu verſchmähen, wenn wir es nicht ſelbſt entdeckt und herangebildet haben; die Vernunft iſt zu ihrem Recht gekommen, die uns heißt, das Gute zu benützen und zu pflegen, wo wir es auch finden; — und ſo iſt es gekommen, daß mehr und mehr die franzöſiſche Geſetzgebung in ihrem Werthe erkannt wird, und die Vorurtheile gegen ſie ſchwinden. Einzelne Theile derſelben, wie die Gerichtsverfaſſung, die bürgerliche Prozeßordnung der Strafprozeß erfreuen ſich ſchon jetzt des Triumphes, in ihren Hauptzügen und Prinzipien die Grundlage der meiſten neuen Geſetz-gebungen geworden zu ſeyn. Und warum ſollte das nicht auch ſo ſeyn?! — Hat ja doch die franzöſiſche Geſetzgebung ihren practiſchen Werth, ihre Tüchtigkeit durch eine ſechzigjährige Erfahrung in der mannigfaltigſten Weiſe unter den verſchiedenſten Verhältniſſen bewährt. — Und haben nicht wir Deutſche bei näherer Bekanntſchaft mit der-ſelben ſo manches germaniſche Element in derſelben gefunden, im ma-teriellen wie im formellen Rechte, ſo daß wir mit Freude es wahr-nehmen, wie uns nicht ein völlig fremder Gaſt entgegentritt. — Es iſt ja auch ganz natürlich ſo gekommen, denn das Hauptelement des franzöſiſchen Volkes iſt ja ein germaniſches, Blut von unſerm Blut, Bein von unſerm Bein! — Und wenn wir ihren Werth aner-kennen, iſt es darum nothwendig, gegen ihre Mängel blind zu ſeyn. — Wie ſich aber dieſer Werth eben bewährt hat, den Nachweis dieſer Behauptung ſind wir noch ſchuldig, und wollen ihn ſofort liefern. —

An und für sich liegt schon der beste Beweis in dem Umstande, daß man, wie gesagt, bei allen Gesetzgebungswerken auf die französische Gesetzgebung recurrirt, und ganze Bestandtheile derselben mit dem glücklichsten Erfolge in den Staaten unseres Vaterlandes eingeführt hat und überall daran ist, noch welche einzuführen. — Einen solchen gewichtigen Einfluß aber kann nur ein gutes Werk ausüben. — In den Ländern, welche Frankreich occupirt hatte, und die nach dem Sturze des Kaisers von diesem Staate getrennt und zu einer neuen Staatenverbindung angewiesen wurden, oder zum alten Vaterlande wieder zurückkehrten, wie die Provinzen des linken Rheinufers — Rheinpreußen, Rheinbayern, Rheinhessen, Baden — war auf Befehl des Imperators oder schon früher der republikanischen Regierungen Frankreichs, diese Gesetzgebung eingeführt, das heißt, diesen Ländern aufgedrungen worden, nur es mußte also anfänglich das odium des Zwanges darauf lasten. Allein der vortreffliche Gehalt hatte in verhältnißmäßig kurzer Zeit die betreffenden Völker so versöhnt und befreundet mit ihr gemacht, daß sie, als sie es gekonnt hätten, sich nicht mehr davon trennen wollten, und sich glücklich schätzten, wie billige Regierungen ihnen den weitern Besitz eines von ihnen als so schätzenswerth erkannten Gutes versprachen und zusicherten. —

Wie zufrieden aber die Franzosen selbst mit derselben sind, das beweist unter anderm auch der Umstand, daß die sonst so leicht bewegliche Nation bezüglich der Veränderung ihrer Gesetze, so weit sie nicht das Staats- und Verfassungsrecht betreffen, einen überraschenden Conservatismus an den Tag legt, und selbst zugestandene Mängel nur mit leiser und schonender Hand berührt, aus Furcht, die Harmonie und den Zusammenhang des Ganzen zu stören. —

Es ist für gar Viele ein unerklärliches Räthsel — die Erscheinung, welche die französische Nation seit den letzten zehn Jahren der Welt darbietet. Wir sehen ein Volk, das, in dem kurzen Zeitraum von sechzig Jahren, drei Staatsumwälzungen unter den furchtbarsten Kraftanstrengungen, welche oft seinen gänzlichen sittlichen und politischen Untergang herbeizuführen drohten, zur Erringung oder Erhaltung seiner politischen Freiheit durchgekämpft hat; — das in sinnloser Wuth die Regierung niederschlug, die ihm ein größeres Maaß politischer Freiheit gewährt, als es vorher besessen und vielleicht je besitzen wird, die Regierung eines Fürsten, den es sich selbst erwählt, der in der rauhen Schule des Lebens herangereift und durch harte Schicksale geprüft war und milde und klug herrschte, der bei manchen Mängeln ausgezeichnet war durch Vorzüge des Geistes und des Herzens, und dessen durch hohe, vortreffliche Tugenden glänzende Familie die besten Garantien einer weisen und wohlwollenden Regierung auch für die Zukunft darbot; — wir sehen dieses nämliche Volk heute aller politischen Freiheit beraubt, mit dem Scheine derselben nur genarrt, unter dem eisernen Scepter eines gewaltigen Mannes gebannt, von Cayenne und Lambessa bedroht, zu unermeßlichen Geldverlusten, zu furchtbaren Menschenopfern in Kriegen gezwungen, die sein Herr aus rein egoistischen Zwecken führt. — Ja noch mehr, wir sehen es mit guter Miene sich dem Regime des Napoleoniden unterwerfen, und immer noch im Wohlstande und finanziellen Credite gut dastehen.

Wo liegt der Grund dieser Erscheinung? — Nicht in der Charakterlosigkeit, nicht in dem Ehrgeiz der Nation, wie man ihr oberflächlicherweise vorwirft. Er liegt allein in seiner guten Gesetzgebung, die sie freilich gegen ein Meer von Blut und Thränen eingetauscht hat, die aber so mächtig ist, sie mit der bürgerlichen Freiheit, welche sie im vollen Maaße darbietet, für den Verlust der politischen, auf einige Jahre vielleicht noch hinaus, zu entschädigen.

Unbestreitbar von großem Interesse ist es also, diese Gesetzgebung von so hohen Vorzügen näher kennen zu lernen, aber ein tieferes Studium derselben erfordert Zeit, Vorkenntnisse und Hülfsmittel, wie sie nicht Jeder hat, wie es auch nicht für Jeden nothwendig ist. Kennt er die Grundlagen des Ganzen und die Ausführung derselben nach ihren Hauptbestandtheilen, so genügt das. Wir haben es uns nun zur Aufgabe gemacht, die französische Gesetzgebung, wie sie unter dem Kaiser Napoleon ihren Abschluß gefunden hat, mit Ausschluß der politischen Gesetzgebung, in ihren Grundzügen in scharfer und klarer Zeichnung darzustellen und nicht allein für den Juristen sondern mehr noch für den Gebildeten jeden Standes, der an der Entwicklungsgeschichte der Menschheit reges Interesse nimmt, zu schreiben. Wir werden so nach einer rechtsgeschichtlichen Einleitung die Gerichtsverfassung, dann Civilrecht und Civilprozeß, Handelsrecht, Criminalrecht und Criminalprozeß dem Leser vorführen. — Den Gegenstand betreffend, glaube ich nach dem Gesagten keiner weitern Rechtfertigung mehr zu bedürfen, um so weniger, als bis jetzt unseres Wissens in dieser Richtung noch kein Werk in der deutschen Literatur erschienen ist. — Wir selbst aber wollen durch ein längeres theoretisches Studium dieser Gesetzgebung, die uns theilweise lieb und theuer ist, sowie durch practische Beschäftigung in

derselben als Einzeln- wie als Collegialrichter, in Civil- und Strafsachen, sowie als Beamter der Staatsbehörde, unsere, allerdings
schwache Befähigung zu gegenwärtiger Unternehmung legitimiren,
und so erlauben wir uns noch schließlich, unser Buch dem Wohlwollen
und der Nachsicht des Lesers sowie der Kritik zu empfehlen.

München im Januar 1861.

E. J. Paraquin.

Rechtsgeschichtliche Einleitung.

I. Die französische Gesetzgebung vor der Revolution
bot ein sehr unbefriedigendes, trübseliges Bild im Ganzen wie im
Einzelnen dar. Weder im bürgerlichen, noch im Straf-Recht, noch
in der Gerichtsverfassung eine Einheit; kein unabhängiger Richterstand, ein zum Sprichwort gewordener schlechter Anwalt- oder
Profuratorenstand; keine genaue Abgränzung der Justiz von der Administration und Politik; Verkäuflichkeit aller Stellen; in Strafsachen keine, in Civilprozeduren eine höchst dürftige und beschränkte
Oeffentlichkeit des Verfahrens; eine Menge Ausnahmsgerichte,
namentlich in Criminalsachen die sogenannten Commissionen von
welchen eine Masse Unschuldiger, oft die edelsten Männer des Landes
hingemordet oder in schrecklichem Kerker gehalten wurden.

Erklärlich ist es also, daß bei dem ersten Beginn der Revolution die Umbesserung solcher Verhältnisse in die vorderste Reihe
der Wünsche und Bestrebungen trat. Immer zahlreicher wurden die
Vorschläge für Besserung hier und dort, immer drängender gestaltete
sich das Bedürfniß darnach, immer unerträglicher und peinlicher drück-
ten die Mängel des ancien regime auf die Nation, immer näher
rückte der Sturm heran — da endlich entlud sich das entsetzliche Wetter,
das sich seit langen Jahren am politischen Horizonte Frankreichs ge-
sammelt hatte, in furchtbaren Schlägen, zerschmetterte Alles was im
Wege stund, das Gute mit dem Schlechten, und führte durch Jahre
der sinnlosesten Barbarei, der grausenhaftesten Greuel und Menschen-
schlächterei die französische Nation zum Bessern.

Eine große, freie Gesetzgebung, wie noch nie eine bestanden, sollte geschaffen werden: nach dem Willen der Idealisten ohne allen Zusammenhang mit dem Tagewesenen; aber schließlich mußte man sich zur Benützung der gegebenen Grundlagen dennoch verstehen, denn Geschichte und Tradition läßt sich nicht so ohne weiteres Widerstreben zum Thore und Hause hinauswerfen. Sehen wir uns also im Einzelnen die beregten Grundlagen an:

Das Civilrecht war nach Provinzen ein verschiedenes; ein für alle Theile des Reiches geltendes bürgerliches Gesetzbuch existirte nicht. Frankreich war in dieser Beziehung eingetheilt in die Länder des geschriebenen Rechts pays du droit écrit, worunter das römische Recht zu verstehen war, und in die Länder des Gewohnheitrechts — pays du droit coutumier, was germanischer Herkunft war. Im Norden und Osten des Landes herrschte vorzugsweise das letztere Recht, im Süden und Westen das erstere. Der Gewohnheitsrechte oder coutumes gab es eine sehr große Anzahl. Galten sie für ganze Districte oder Provinzen, (z. B. für Burgund, die Normandie ꝛc.) so nannte man sie coutumes générales, waren es nur Ortsrechte, coutumes locales. Die letzteren sollen sich auf 300 belaufen haben, die ersteren etwa auf 60. — Die Juristen pflegten sie auch nach ihrem Inhalt zu benennen, z. B. c. d'usage, d'usufruit, des services fonciers, — aus dem Sachenrecht — d'égalité, aus dem Erbrecht, ꝛc. Die erste offizielle Sammlung der coutumes geschah auf Befehl Karl VII. 1452 durch die Ordonnanz von Tours. Und zwar wurde mit den coutumes de Bourgogne der Anfang gemacht. Die Arbeit wurde unter den folgenden Königen fortgesetzt und die betreffende coutume jedesmal vom König durch einen lettre patente, offenen Brief, bestätigt, sobald ihre Redaction vollendet war. Indessen galt in den Ländern des Gewohnheitsrechtes das Römische subsidiarisch. —

Etwas mehr Einförmigkeit bot der Civilproceß dadurch dar, daß sich die meisten Unter- und Obergerichte nach den königlichen Decreten hiefür — ordonnances du roi*) — in der Hauptsache

— — —

*) Auch für einzelne Bestimmungen des Civilrechts waren königliche Ordonnanzen erlassen, so die von Franz I. 1539, Karl IX. 1561, Ludwig XIV. 1667.

wenigstens richteten, und namentlich durch die Etablissements de saint Louis, (1270) durch eine Ordonnanz Philipp des Schönen vom Jahre 1291 und eine spätere desselben Königs vom Jahre 1302, endlich aber durch die ordonnance civile vom Jahre 1667 eine festere Basis erhielt. Noch präciser regulirte eine Ordonnanz von 1771 das bei den Parlamenten auszuführende Verfahren. Aber einem bessern und gleichförmigern Zustande standen die ungeheuern Mängel in der Gerichtsverfassung im Wege, sowie die vielen Gewohnheiten, die sich hauptsächlich an den Untergerichten gebildet hatten. In weniger kläglichem Zustande befand sich in Folge schon früh organisirter, aus Handelsleuten zusammengesetzten, Handelsgerichten, die sich trefflich bewährten — das Handelsrecht, dessen Grundlagen eine ordonnance pour le commerce du continent, 1673, und die ordonnance de la marine, 1681, beide unter Ludwig XIV. erlassen, waren, nachdem man sich früher mit sehr vereinzelten Dekreten und Gewohnheiten beholfen hatte. Ein allgemeines Strafgesetzbuch bestund eben so wenig, als ein solcher Strafprozeß. Auch hier hielt man sich an vereinzelte, geistig und historisch unzusammenhängende Gesetze, und an hergebrachte Gewohnheiten. Das Verfahren war ein geheimes schriftliches, nachdem das öffentliche, ursprüngliche germanische unter den Merovingern von den Karolingern zum größten Theile, von den Capetingern vollständig verdrängt worden war.

Unbestreitbar aber am erbärmlichsten sah es in der Gerichtsverfassung aus, in der Region derer, die das Recht zu schöpfen, zu wahren und zu vertheidigen hatten. Um den Beweis dieser Behauptung sofort und bündig zu führen, dürfen wir nur des Umstandes erwähnen, daß alle, aber auch alle Stellen verkäuflich, ja zu Zeiten an den Meistbietenden verkäuflich waren. Nur die Advokatur, die als eine freie Kunst betrachtet wurde, machte eine Ausnahme. Die von der Advokatur getrennte Prokuratur oder Anwaltschaft dagegen, die Stellen der Richter, Gerichtsschreiber, Beamten des öffentlichen Ministeriums (gens du roi, Staatsprokuratoren), Notäre, Gerichtsvollzieher (huissiers, sergens) waren erblich und verkäuflich.

Ludwig XV. über Schenkungen 1731, über Testamente 1735, über Substitutionen 1747.

Die nothwendigen Consequenzen eines solchen Systems liegen
am Tage: Unfähige drängten sich vermöge ihrer Mittel zu den
Aemtern, während dieselben dem unbemittelten Talente verschlossen
blieben; Leute, welche durch Kauf zum Amt gelangten, wollten in
der Regel sobald als möglich auch ihre Kaufsumme wieder heraus-
schlagen und dazu langten die ehrenhaften Mittel natürlich nicht
aus. Verhältnißmäßig besser sah es bei denen aus, welche kraft Erblichkeit zu Stellen gelangt waren und es gab Familien, die mehrere
Jahrhunderte hindurch stets berühmte Richter und Räthe und Beamte des öffentlichen Ministeriums an die Parlamente lieferten und als
familles de robe durch Talent, Kenntnisse und Charakter ihrer Mitglieder damals glänzten und heute noch mit Achtung genannt werden, wie die d'Aguesseau, Montesquieu, Molé, Séguier ꝛc.

Die Erst-Instanzgerichte waren theils königliche, theils patrimoniale, theils kanonische. Während die königlichen unabhängiger waren, machte sich bei den patrimonialen der Einfluß ihrer Herren geltend. Die patrimoniale Gerichtsbarkeit war in eine hohe, mittlere
und niedere eingetheilt, je nach dem Umfang ihrer Competenz. Die
hohe Gerichtsbarkeit ertheilte das Recht, über alle Civil- und Criminalsachen zu entscheiden, die mittlere über alle Civilsachen und leichte
Vergehen, die niedere über geringe Geldsummen, Gefälle des Grund-
herrn und Polizeiübertretungen.

Die geistlichen Gerichte erkannten über alle persönlichen Klagen
zwischen Geistlichen oder worin der Beklagte dem Klerus angehörte.
Ferner stand ihnen über den nichtgeistlichen Stand (Layen) die Competenz zu in Sachen der Ehe, der Ketzerei, der Simonie, der geistlichen
Zehnten.

Alle diese Untergerichte kommen unter verschiedenen Namen vor als
bailliages, présidiaux, sénéchaussées, prévôtés.

Bailliages hießen solche Untergerichte, weil Barone die ihnen auf
ihren Gütern zustehende Gerichtsbarkeit statt sie selbst auszuüben, öfter
verpachteten, weßhalb man denn solche Gerichtspersonen baillifs,
Pächter nannte. Anfänglich stund ihnen Civil- und Criminal-Juris-
diction in letzter Instanz zu, aber die Parlamente, deren Macht sich
immer mehr erhob, drängten sie zu Erstinstanzgerichten herab.

Présidiaux kamen unter Heinrich II. auf und wurden den

größern Städten zugetheilt. Sie waren ursprünglich städtische Gerichte gewesen, indem im 11. und 12. Jahrhundert die Städte in
ihrer Blüthezeit auch die Civil- und Criminal-Gerichtsbarkeit erlangt
hatten. Als aber das Königthum mächtiger geworden war, als
es der Städte zur Bändigung der großen Barone nicht mehr be-
durfte, begann es auch mit der Zerstörung der Freiheiten und Privilegien der Städte, deren Gerichtsbarkeit fallen und deren Gerichtshöfe
diesen présidiaux weichen mußten, die von königlicher Gewalt aus-
gingen. Sénéchaussées waren Gerichte wie die bailliages und
wurden so genannt von einem königlichen Beamten unter der frän-
kischen Dynastie, der die Gerichte inspizirte und präsidirte und Séné-
chal betitelt waren.*)

Die Prévôtes waren königliche Gerichte, deren Bedeutsamkeit
gleichfalls durch die Parlamente überflügelt und hinabgedrückt wurde,
so daß sie später auch nur als Untergerichte fungirten. Die prévôtes in Paris hieß bekanntlich das châtelet, weil sie in einem
befestigten Schlosse residirte. — Die prévôtes des marechaux de
France waren adelige Criminalgerichte, die in allen Provinzen Frankreichs fungirten. Diese adeligen Richter brauchten nicht studirt zu haben, mußten aber deßwegen rechtsgelehrte Beisitzer beiziehen, die
lieutenants betitelt wurden. Außerdem kommen noch eine Menge
Ausnahmsgerichte in der französischen ältern Rechtsgeschichte vor, wie
le prevôt de l'hôtel, les requêtes de l'hôtel, les connétablies et
maréchaussées de France, les eaux et forêts, les jurisdictions
des lieutenants generaux de police; la jurisdiction de l'hôtel de
ville, la jurisdiction des intendants, les juges consuls etc. so
wie viele, welche, oft von kurzer Dauer, namentlich für bestimmte
Verbrechen (wie la chambre ardente, dann sogenannte Criminal-
Commissionen) reine Blutgerichte ohne Ehre und Gewissen waren.

Die zweite Instanz bildeten die Parlamente. Ludwig der
Heilige, um die Ordalien oder Gottesurtheile abzuschaffen und zugleich die königliche Macht mehr und mehr zu heben, hatte eine Ap-
pellation an den König selbst constituirt. Anfänglich galt dieß

---

*) Der Seneschal erinnert an das Amt der missi dominici, welches die fränki-
sche Monarchie geschaffen hat, und dessen Träger ebenfalls die Verwaltung des
Rechts durch Bereisen ihrer Legationen oder Distrikte zu besorgen hatten.

nur für seine unmittelbaren Domänen, bald aber fand es aller-
wärts Nachahmung. Der König konnte natürlich nicht über alle Fälle
der Berufung zu Gerichte sitzen, behielt deßhalb die wichtigsten für
sich, und verwies die andern an seinen Staatsrath. Letzterer wurde
nun viermal im Jahre in Paris berufen und entschied die unerledig-
ten Rechtssachen, und wenn er in dieser Weise fungirte, nannte er
sich Parlament. Daß ein einziger solcher Gerichtshof in Paris nicht
lange dem Bedürfnisse des Reiches entsprechen konnte, versteht sich
von selbst und es wurden solcher Parlamente immer mehrere in den
größern Städten organisirt, bis es dreizehn waren, nämlich zu
Paris, Toulouse, Grenoble, Bordeaux, Dijon, Rouen, Aix, Rennes,
Pau, Metz, Donay, Besançon und Nancy.

Diese Gerichtshöfe erkannten über alle Civil- und Criminalsachen
in letzter und zweiter Instanz. Ihre Urtheile arrêts genannt (von
arrêter, anhalten, festhalten, eine Rechtssache beschließen) waren nicht
mehr angreifbar und so hießen sie cours souverains. — Ein Präsident, mehrere Vicepräsidenten — présidents à mortier von der
Sammtmütze mortier, die sie trugen — und 25 bis 30 ja bis 60
Räthe — conseillers — bildeten das Parlament, dem auch eine
entsprechende Zahl von Gerichtsschreibern (greffiers), Advokaten, Prokuratoren und Gerichtsvollziehern beigegeben waren. — Auch ein
öffentliches Ministerium hatte das kluge Königthum zur Vertretung
seiner Interessen diesen Höfen beigesellt, wie schon früher bei den
prevôtes und den bailliages. — Die Beamten des öffentlichen
Ministeriums hießen gens du roi im Allgemeinen; bei den Parlamenten procureurs generaux mit ihren Gehilfen den avocats generaux, bei den Untergerichten procureurs du roi, auch avocats
du roi.

Aber nicht allein die Fragen der Justiz zogen die Parlamente
vor ihr Forum, sondern auch eine Menge Dinge, welche politischer
und administrativer Natur waren. Wir erinnern, ohne darauf näher
eingehen zu können, weil wir uns sonst zu tief in die Geschichte verlieren
müßten, an die Kämpfe der Parlamente, namentlich des Pariser
Parlaments, gegen die immer absoluter werdende Monarchie, welche
nunmehr, nachdem Adel, Städte und Bürger vollständig unterjocht
waren, den letzten Funken der Freiheit in den Parlamenten suchte

und verfolgte *). Am meisten wurde ihr politisches Ansehen durch Ludwig XIV. gebeugt, der das Pariser Parlament als junger Mensch mit der Reitpeitsche auseinander jagte, weil es sich nicht fügen wollte.

Durch dieses Hereinziehen administrativer und politischer Dinge konnte aber natürlich für die Justiz kein Vortheil erwachsen und man konnte sie nicht rein und abgeschlossen nennen.

Das Pariser Parlament zählte 57 weltliche und 15 geistliche Räthe in seinen Senaten mit einem Präsidenten und sechs Kammerpräsidenten (présidents à mortier) an der Spitze, die königlichen Prinzen, die Pairs, die Herzoge, die Staatsräthe, der Erzbischof von Paris und der Abt von Clugny hatten Sitz und Stimme und wohnten gewöhnlich den Sitzungen der wichtigern Abtheilung des Parlaments bei, welche Grande Chambre hieß. Die beiden andern großen Abtheilungen hießen Chambre des Enquêtes und Tournelle.

Die Parlamente behaupteten ein durch Usus erworbenes Recht, die neuen Gesetze zu prüfen, sie durch ihre Einregistrirung gültig zu machen, oder durch Verweigern des Enregistrements der Geltung der Gesetze Einsprache zu thun. — Dieses allerdings sehr zweifelhafte Recht gab, wie sehr erklärlich, die Ursache zu den vielen Kämpfen zwischen König und Parlament, welche die letztern mit einer ungemeinen Hartnäckigkeit durchfochten. Manches Parlamentsmitglied brachte so seinen Namen durch Muth und Seelengröße in unsterblichem Ruhme zur Nachwelt, wie der Präsident Jacques de la Vacquerie, l'Hôpital, Molé, d'Aguesseau ꝛc.

Auch eine legislative Macht hatten sich die Parlamente erworben durch den gleichfalls zum Recht gewordenen Usus sogenannte arrêts de reglément, für sämmtliche Behörden bindend, zu erlassen, da wo die Gesetze lückenhaft oder unklar schienen oder ganz schwiegen. — Auch dieses Recht gab zu vielen Streitigkeiten Veranlassung und

*) Im 16. Jahrhundert führte man, um die Opposition der Parlamente zu entkräften, die sog. lits de justice ein, königliche Sitzungen, in denen der Monarch, umgeben von seinem Hofstaat unter allem Gepränge der Majestät im Parlamente erschien, und Verordnungen, die er gern durchgesetzt, in seiner Gegenwart discutiren ließ. Aber oft protestirte gleich nach seiner Entfernung das Parlament gegen solche erzwungene Beschlüsse.

wurde später den Gerichten durch Artikel 5 des Civilgesetzbuchs von 1804 entschieden untersagt.

Die Competenz der Parlamente über die sogenannten appels comme d'abus zu erkennen, werden wir in der Gerichtsverfassung bei den Appellhöfen näher betrachten. — Ebenso wird die Geschichte des grand conseil du roi, an welchen Staatsrath jedoch nur mit Genehmigung des Königs Gesuche um Cassation von arrêts der Parlamente in gewissen Fällen gebracht werden durften, in dem Abschnitte: „der Cassationshof" so weit nothwendig, berührt werden.

In gleicher Weise müssen wir, um für den Leser lästige Wie-derholungen zu vermeiden, die Geschichte der Gerichtsschreiberei, der Prokuratur, des Notariats und der Gerichtsvollzieher in die betref-fenden Kapitel der Gerichtsverfassung verweisen und hoffen ein ge-nügendes und klares Bild von dem Zustand der Justiz in Frank-reich in allen ihren Theilen vor der Revolution gegeben zu haben.

II. Gesetzgebung während und nach der Revolution.

Die siegende Revolution mit ihren Prinzipien: Einheit des Staates, Gleichheit vor dem Gesetze, Aufhebung der Feudalherr-schaft, Trennung des Staates von der Kirche, Entfesselung des Bo-dens und der Gewerbe stürzte das ganze Gebäude zusammen der bisher bestehenden Einrichtungen und Gesetze, die sich zu ihren Grund-sätzen allerdings im vollsten Widerspruch befanden. Sie begann mitten unter innern und äußern Kriegen, unter den schauervollsten Blut- und Jammerscenen den Aufbau einer neuen Gesetzgebung, welche im Einklang zu obigen Prinzipien stund. — Schon durch Gesetz vom 4. August 1789 in jener merkwürdigen Nachtsitzung, welche Mignet die St. Barthelemie der Mißbräuche nennt, da sie ein Anderer die St. Barthelemi des Eigenthums schelten wollte, — auf Antrag edler und vernünftiger Adeligen*) hatte die Nationalversammlung die Lehensherrschaft, die herrschaftliche Gerichtsbarkeit und den Zehn-

---

*) Lafayette, Lameth, Noailles, Montmorency. Dieselben beantragten die Ab-schaffung der Adelsrechte überhaupt am 14. Juli 1790 (Jahrestag der Zer-störung der Bastille).

ten aufgehoben; näher wurde dieses Gesetz präzisirt und erweitert durch jenes vom 28. März 1790.

Ein weiterer Beschluß der Nationalversammlung in derselben Nachtsitzung hob die Verkäuflichkeit der gerichtlichen und Verwaltungs-Aemter sofort auf mit der Bestimmung, daß die Justiz gratis gespendet werde. —

Und dann schuf das Gesetz vom 16. bis 24. August 1790 eine neue Justizorganisation, deren Grundzüge bis auf heute bestehen, und die eine weitere Vollendung durch das Gesetz vom 27. November bis 1. Dezember 1790 über die Einführung, Organisation ec. eines Cassationshofs für das ganze Reich erhielt Die Aufhebung aber aller alten Gerichte des Reichs*) wurde durch ein Gesetz vom 6., 7. und 11. September desselben Jahres verfügt.

Die Grundzüge der neuen Organisation waren folgende:

Es werden für die unterste Instanz in Civilsachen Einzelrichter, unter dem Namen Friedensrichter bestellt, denen auch die Polizeisachen zur Aburtheilung übertragen werden. — Es werden in Civil- und Strafsachen zwei Instanzen eingeführt. Es werden hiefür Bezirks- oder Districtsgerichte gebildet. — Bei allen Districtsgerichten wird ein öffentliches Ministerium organisirt. — Es werden Handelsgerichte geschaffen.

Die Verkäuflichkeit der gerichtlichen Aemter ist aufgehoben; — die Richter werden vom Staate besoldet und versehen ihren Dienst gratis.**) — Die Gerichte können keinen Act der gesetzgebenden Gewalt ausüben, noch der Vollziehung der Beschlüsse derselben in den Weg treten.

Die Justiz ist von der Verwaltung getrennt. —

In Civil- und Criminal-Sachen ist Oeffentlichkeit und Mündlichkeit eingeführt.

Für die Aburtheilung der Verbrechen werden Geschwornengerichte eingeführt.***)

---

*) Also auch der Parlamente, deren Ansehen so gesunken war, daß ihre Aufhebung auch nicht das mindeste Geräusch mehr machte.

**) Die Richter und Räthe erhielten vor der Revolution Geschenke, épices, von den Parteien, die durch das Gesetz förmlich regulirt waren. Die Verlockung zur Bestechung lag also sehr nahe.

***) Das Institut der Friedensrichter und der Geschwornengerichte entnahmen die

2

Jedes privilegirte Forum ist für immer abgeschafft. Alle Staats-
bürger nehmen vor denselben Richtern, in denselben Formen, in
denselben Fällen Recht.

Niemand darf seinem natürlichen Richter entzogen werden.

Alle Bürger sind vor dem Gesetze gleich.

Ein bürgerliches, allgemeines Gesetzbuch, eine bessere Prozeßordnung, und ein entsprechendes Strafgesetzbuch soll sofort entworfen
werden.

So war man also in der Gerichtsverfassung in kurzer Zeit mit
Riesenschritten vorangeeilt, und wie schon gesagt, auch die spätere
Zeit behielt die Grundzüge dieser Organisation bei. — Manches be-
wies sich durch die Erfahrung als unpraktisch, wie die Wahl der
Richter durch das Volk und wurde bald aufgegeben und die Er-
nennung der Richter der obersten Staatsgewalt zuerkannt. Aber die
Cardinalsätze haben sich bewährt bis auf die Jetztzeit.

Nicht so rasch, wie das auch natürlich ist, wickelte sich der noch
seiner Umbesserung harrende größere Theil des Gesetzgebungswerkes,
das Civilrecht, ab. Die Bearbeitung eines allgemeinen bürgerlichen Gesetzbuchs schien nicht gelingen zu wollen. Die auf die kon-
stituirende Versammlung folgende legislative kam nicht dazu, die
große Aufgabe zu lösen. Auch dem Nationalconvente, obwohl er dem
Gegenstande alle Aufmerksamkeit gewissenhaft zuwendete, war dieser

---

französischen Gesetzgeber der englischen Gerichtsverfassung und modifizirten dieselben nach dem Bedürfnisse der Franzosen. — Die Aburtheilung durch Ge-
schworne in öffentlichen und mündlichen Verfahren aber ist ein uralt germani-
sches Institut, das die Angelsachsen aus Deutschland unter Hengist und Horsa
nach England gebracht und mit der dem sächsischen Elemente eigenen Zählig-
keit festgehalten und dieses, so wie deutsches Recht überhaupt nach harten Kämpfen mit der normanischen Dynastie sich erhalten und fortgebildet haben, so
daß der Einfluß des römischen und kanonischen Rechts nicht so drastisch in
England gegen das germanische Recht gewirkt hat, als in Deutschland selbst
und in Frankreich. In dieses letztere Land hatten bekanntlich die Franken, als
siegreiche Eroberer das deutsche Recht getragen und unter den Merovingern zur
Herrschaft gebracht. — Die völlige Verdrängung des germanischen Rechts
aber gelang dennoch nicht dem römischen und kanonischen Rechte und wir finden
deßhalb, wie schon früher gezeigt wurde, in dem Gewohnheitsrechte, das im
Norden und Osten Frankreichs galt, viele Spuren des germanischen Rechtes.

Ruhm von dem Verhängnisse nicht bestimmt. — Er sollte dem wun-
derbarsten Manne seiner Zeit zu Theil werden.

Der Volksrepräsentant Cambacérès — später Consul und Minister des Kaiserreichs — arbeitete einen Entwurf zu einem Civilgesetz-
buche fast allein aus und legte ihn am 9. August 1793 dem Nationalconvente vor. Obwohl dieser Entwurf im Geiste jener Zeit abge-
faßt war, schien er doch dem Convent nicht den neuen Grundsätzen
ganz entsprechend und schwunghaft genug, und es beschloß derselbe
die Abfassung des bürgerlichen Gesetzbuches einer Commission Ge-
lehrter anzuvertrauen. — Die Commission kam aber nicht zu Stande.
Eben so wenig befand sich nach dem Sturze der Schreckensregierung
das Direktorium im Stande die ebenfalls von ihm wieder aufge-
nommene Arbeit zu vollenden, obwohl Cambacérès dem Rath der
Fünfhundert einen neuen Plan vorgelegt hatte, der jedoch mit seinem
früheren Projekte vom Jahre 1793 sehr übereinstimmend war.

Die Consularregierung verdrängte das Direktorium und der
junge General Napoleon Bonaparte erhob sich zur Würde des ersten
Consuls in Frankreich. — Das baldige Erscheinen eines allgemeinen
Civilgesetzbuches war wiederum verheißen worden durch das Gesetz,
welches die Consulsregierung (19 brum. VIII.) eingeführt.

Eine Commission bestehend aus Tronchet (Präsident des Cassationshofs), Portalis (Regierungskommissär), Bigot de Préa-
meneu (Staatsprokurator am Cassationshof) und Maleville (Cassa-
tionsrath) wurde von den Consuln zur Entwerfung des Civilgesetzbuchs niedergesetzt. Ihre Arbeiten, welche in 4 Monaten beendet
waren, wurden gedruckt und dem Cassationsgerichte wie den Apell-
gerichten zur Durchsicht und Begutachtung übergeben. Das Werk
führte den Titel: projet de code civil présenté par la commission
nommée par le gouvernement le 24. therm. VIII. — In demselben Jahre noch gelangte die Berathung des Entwurfes an den
Staatsrath, wo die einzelnen Bestimmungen des Gesetzes zuerst in
der section de législation, dann vor dem versammelten Staatsrath
unter Vorsitz des Consuls Napoleon oder des Consuls Cambacérès,
immer mit Zuziehung obiger Commission diskutirt wurden. — Die
vom Staatsrath genehmigten Titel kamen sodann an die gesetzgebende
Versammlung und an das Tribunat, welch' letzteres die Annahme

2*

oder Verwerfung durch Erstere zu beantragen hatte. Amendements oder Vorschläge zu Verbesserungen konnten damals nicht gestellt werden.

Drei Gesetzesvorschläge wurden nun im Jahr X der Legislative vorgelegt. Auf Antrag des Tribunats verwarf dieselbe den ersten, und da die Regierung vorhersah, daß dasselbe Schicksal dem zweiten blühen werde, nahm sie die sämmtlichen Gesetzesvorschläge wieder zurück und erklärte, der Augenblick sei noch nicht gekommen, wo man diesen wichtigen Angelegenheiten die nöthige Ruhe widmen könne.

Aber noch in demselben Jahre, nach einer Erneuerung der Legislative und des Tribunats zu einem Dritttheile, und einer Verminderung desselben, nahm die Consularregierung die Arbeit von Neuem auf. Und dießmal endlich kam sie zum Abschluß. Die verschiedenen Gesetze, welche den code civil bilden, wurden nun von der Legislative in den Jahren XI und XII (1803 und 1804) dekretirt, nachdem man das eben beschriebene Verfahren wieder eingehalten hatte. —

Sie wurden unter dem Namen: code civil zu einem Ganzen vereinigt mit Herbeiziehung verschiedener einzelner Gesetze, die fragmentarisch während der Revolution dekretirt worden waren, um dem dringendsten Bedürfnisse abzuhelfen. — Diese letztere fragmentarische Gesetzgebung wird das Zwischenrecht genannt.

Im Jahre 1807 wurde, nachdem Napoleon unterdessen die Republik in ein Kaiserthum umgestaltet hatte, eine neue Ausgabe des code civil der gesetzgebenden Versammlung vorgelegt und von derselben unter dem Namen: code Napoléon dekretirt (3. Sept. 1807).

Am Inhalt des Gesetzbuchs wurde wenig, wesentliches gar nichts verändert, nur hier und da die Worte.*)

Die Veränderungen, welche der code civil später erfuhr, werden in dem Abschnitt dieses Werks der ihm speziell gewidmet ist, besprochen werden.

_____

*) Republikanisch wurde in kaiserlich verwandelt, wie früher königlich in republikanisch, und später kaiserlich in königlich, dann wieder königlich in republikanisch, schließlich republikanisch wie oben in kaiserlich. In was dieses kaiserlich seinerzeit wird umgewandelt werden, das wissen die Götter; daß es aber seine Umwandlung früher oder später erfahren wird, das wissen und glauben wir sterbliche Menschen.

Was den Civilprozeß anbetrifft, so wurde von der Consular-Regierung eine Commission, bestehend aus Treilhard, Seguier, Berthereau und Pigeau gebildet und derselben die Abfassung einer neuen Prozeßordnung anvertraut, nachdem man sich über ein Projekt im Jahre V nicht hatte einen können und bis hieher mit fragmentarischen Bestimmungen und der Ordonnanz vom Jahre 1667 beholfen hatte. Ganz auf dieselbe Weise, wie der code civil, wur-den die Arbeiten dieser Commission dem Staatsrathe und der gesetz-gebenden Versammlung zur Prüfung und Beschlußfassung vorgelegt, und unter dem Kaiser 1806 von der Legislative angenommen und dekretirt. Diese Prozeßordnung trat unter dem Titel code de proce-dure civil mit dem 1. Januar 1807 in Wirksamkeit.

Zur Entwerfung eines Handelsgesetzbuchs hatte ebenfalls die Regierung der Consule eine aus 7 Juristen und Kaufleuten zusammengesetzte Commission ernannt, welche im Jahre X ihre Arbeit vollendete und der Regierung vorlegte. — Gleichfalls wieder Prüf-ung durch die Appellgerichte, das Cassationsgericht, aber auch durch die Handelsgerichte und Handelskammern, der Berathung im Staats-rath und der Verhandlung in der gesetzgebenden Versammlung vor-hergehend. Dekretirt wurde unter dem Namen code de commerce das Handelsgesetz am 15. September 1807 und trat mit dem 1. Januar 1808 in gesetzliche Kraft und Wirksamkeit.

Schon in den ersten Jahren der Revolution hatte Frankreich sich ein Strafrecht und einen Strafprozeß geschaffen, den code pénal vom 25. September 1791 und den code des délits et des peines vom 3. brumaire IV. — Der Strafprozeß war ohnehin durch die neue Justizorganisation vom August 1790 mit Einführung der Jury und Oeffentlichkeit und Mündlichkeit rasch seiner Umbesserung entgegen gegangen und so bot dieser Theil des Gesetzgebungswerkes bei weitem nicht mehr die Schwierigkeiten dar, welche wir bei dem vorhergehenden Theile desselben sich erheben sahen.

Durch die Veränderungen, welche die Staatsverfassung erlitten hatte, wurde jedoch eine Revision auch dieses Zwischenrechts in Straf-sachen nothwendig und gleichfalls war es die Consularische Regier-ung, welche im Jahre XII. eine Commission zur Entwerfung des neuen Strafgesetzbuchs berief. Viellard, Target, Oudart, Treilhard und

Blondel waren die hiezu berufenen Juristen. Nachdem diese Männer ihrem Auftrage nachgekommen waren, wurde dasselbe Verfahren auch bei diesen Gesetzbüchern wie bei den vorhergehenden eingehalten: Prüfung durch die Gerichte, dann durch den Staatsrath, dann Vorlage an die legislative Versammlung, welche das Strafgesetzbuch im Jahre 1809, das Strafprozeßgesetz im Jahre 1810, ersteres unter dem Titel code pénal, letzteres unter dem eines code d'instruction criminelle, genehmigte und dekretirte. Beide codes traten jedoch erst mit dem 1. Januar 1811 in Kraft und Wirksamkeit.

So war denn der große Bau glücklich vollendet. Verhältnißmäßig in kurzer Zeit! Denn es darf nicht außer Acht gelassen werden, unter welchen Umständen dieses Werk geschah. Während die Nation mit dem ganzen übrigen Europa und in allen Welttheilen kämpfte, während innere Bürgerkriege wütheten, war sie dennoch fähig, diese großartige Gesetzgebung zu schaffen. Welche Zeit erfordert sonst die Schaffung von Gesetzbüchern im tiefsten Frieden! Mit doppeltem Erstaunen und mit zweifacher Anerkennung müssen daher jene Gesetzbücher erfüllen, wenn wir sehen, welch hohe Vorzüge, namentlich der praktischen Brauchbarkeit, ihnen innewohnen und wie jedenfalls ihre Lichtseiten bei weitem ihre nicht zu läugnenden Mängel, denn nil sub sole perfectum, überstrahlen.

Mit gerechtem Stolze darf der Franzose auf seine Gesetzgebung blicken, die in der Harmonie des Ganzen noch nirgends ihres gleichen gefunden hat und heller als der Ruhm seiner Schlachten strahlt das Verdienst des mächtigen Cäsaren dieses Gesetzgebungswerk gefördert und vollendet zu haben, ja, wie man sie auch ansehen mag, diese Schöpfungen eines neuen Zeitalters der menschlichen Cultur- und Staatengeschichte, Eines bleibt dabei unumstößlich: „Sie sind ein erhabenes, ein würdiges Denkmal menschlicher Weisheit." Weitaus der größere Theil der besseren Rechtslehrer und Rechtsgelehrten hat ihren Werth anerkannt und fast in alle Sprachen der civilisirten Welt sind die 5 französischen Gesetzbücher übersetzt worden, namentlich der code civil, dem billigerweise die größere Aufmerksamkeit gewidmet worden.

Zwei Uebersetzungen in lateinischer Sprache existiren auch, von denen die eine eine amtliche für das ehemalige Königreich Italien war. Diese lateinischen Uebersetzungen haben jedoch nur den code civil zum Gegenstand. Die besten Uebersetzungen desselben in's Deutsche sind von Daniels (Köln), Erhard (Leipzig), Cremer (Crefeld), Lassaulx (Coblenz), Ackermann (Landau), Müller (Leipzig), Spielmann (Straßburg), Gebhardi (Gießen).

Als Curiosum wollen wir noch anführen, daß auch eine Uebersetzung in Verse des code civil besteht: ein Buch das unter dem Titel: le code Napoléon mis en vers français par D. exlégislateur zu Paris im Jahre 1811 erschien. Der Verfasser, der sich nicht nannte, war, wie er sich bezeichnete, ein Mitglied der ehemaligen Legislative gewesen.

Unter der Napoleonischen Herrschaft war der Code Napoléon eingeführt worden in Italien, Holland (Belgien), im Herzogthum Warschau, im Großherzogthum Berg, in den hanseatischen Departements, im Herzogthum Köthen, Königreich Westphalen, im Großherzogthum Baden und Großherzogthum Frankfurt, im Fürstenthum Arenberg, im Herzogthum Nassau.

Vor allem natürlich in den Ländern, welche Frankreich zuerst einverleibt worden waren, in Deutschland also auf dem linken Rheinufer: Rheinbayern, Rheinpreußen und Rheinhessen.

Nach der Schlacht von Leipzig aber gestalteten sich die Verhältnisse wieder anders. Fast in allen Ländern dießseits des Rheins wurde sofort der code Napoléon wieder abgeschafft (in Warschau erhielt er sich am längsten); — doch blieb er, wie in Baden, in Warschau, die Grundlage der neuen Gesetzgebung. Den nach den Pariser Friedensbeschlüssen von 1814 und 1815 an Deutschland zurückgegebenen deutschen Ländern auf dem linken Rheinufer, welche die Departemente Donnersberg, Saar, Niederrhein, Mosel, unter französischer Herrschaft gebildet oder zu denselben gehört hatten, ließen die neuen Herrscher Preußen, Bayern und Hessen-Darmstadt die ihnen liebgewordene Gesetzgebung, so daß dieselbe in diesen Provinzen, mehr oder minder in Folge der Zeitansprüche modifizirt, heute noch herrscht. — In der bayerischen Rheinpfalz hat sie sich am meisten in der alten Fassung von 1807—1810 erhalten, weil ihr die spätern Verbesserungen, die sie in Frankreich erfuhr, namentlich unter Louis Philipp's Regierung nicht zu Gute kommen konnten.

Wir werden nun das ganze Gesetzgebungswerk, wie es im Jahre 1810 unter Napoleon vollendet war, in seinen einzelnen Theilen betrachten und zwar in folgenden Hauptabschnitten:

A. Gerichtsverfassung.
B. Bürgerliches Recht (code civil).
C. Bürgerliche Prozeßordnung (code de procedure civil).
D. Handels-Recht (code de commerce).
E. Strafgesetz (code pénal).
F. Strafprozeßgesetz (code d'instruction criminelle).

Literatur der französischen Rechtsgeschichte.

Histoire du droit Francais. 1682. par Silberrad. — A. par Boileau 1806. Ferner die rechtshistorischen Werke von Duchesne, Bonvillaret, Bernardi, Fleury, Dupin, Laferrière, Guizot, Pastoret, Lerminier. Alle diese Schriften umfassen die Geschichte des französischen Rechts in allen seinen Theilen; die Geschichte der Gerichtsverfassung speziell behandeln hauptsächlich folgende Schriftsteller: Henrion de l'ansey, de l'autorité judiciaire en France. — Merlin, répertoire universel de Jurisprudence. — Carré, traité des lois de l'organisation judiciaire etc. — Carré et Foucher, cours élémentaire de l'organisation judiciaire etc. — d'Eyraud, de l'administration de la justice et de l'ordre judiciaire en France. — M. Dalloz, jurisprudence du 19ème siecle, mot pouvoir judiciaire.

A. Gerichtsverfassung.

I. Administrative Organisation.

Organisation der Verwaltung. Competenz derselben. Competenz-Conflikt. Gerichtliche Verfolgung der Verwaltungsbeamten — Literatur.

Obgleich die Besprechung derselben nicht eigentlich unter die Aufgabe gehört, die wir uns gestellt haben, bleibt es denn doch unerläßlich einen kurzen Blick auf dieselbe zu werfen, da ohne eine solche Betrachtung Vieles in der Gerichtsverfassung selbst unklar und unvollkommen erscheinen müßte. Wir haben in der rechtsgeschichtlichen Einleitung nachgewiesen, wie unter dem ancien regime Justiz und Administration nicht scharf von einander getrennt waren, wie deßhalb von dieser Seite aus die Gerichtsverfassung keine reine und für sich abgeschlossene war, und wie dann der Gesetzgeber der neuen Aera die vollständige Trennung der Justiz von der Administration und gesetzgebenden Gewalt unter sein Programm aufnahm und auch in dieser Weise durchführte. —

Es ist deßhalb nothwendig und auch interessant, zu erfahren, welchen Behörden man die Leitung der Administration zugetheilt und welche Stelle man geschaffen hat, um bei Conflikten über die Competenz zwischen Justiz und Administration zu entscheiden.

Die constituirende Versammlung hatte schon im Jahre 1790 mit Zustimmung des Königs die alte Provinzialeintheilung des Königreichs, welche rein historischen Ursprungs, ein Werk des Zufalls, völlig feudalistischen Charakters war, beseitigt und aufgehoben und eine neue Eintheilung in Departemente dekretirt. Diese erhielten ihre Namen und Begränzung von Gegenständen der Natur und von natürlichen Marken, meist von Flüssen und Bergen, zu deren Ge-

biet sie gehörten, wie Departement der Ober-, der Nieder-, der See-
alpen, der Rhonemündung, der Nordküste, der Eure, der Eure und
Loire, des Jura, der Loire, der Ober-Loire, der Unter-Loire, der Mosel,
des Nieder-Rhein, des Ober-Rhein, der Rhone, der Seine, der Marne,
der Maas, des Kanals, der Ober-, der Unter-Pyrenäen u. s. w. Die
Staatsverwaltung wurde dadurch einfacher, gleicher und leichter und
es muß überhaupt diese Veränderung in der Eintheilung des Landes
als eine solche, die von tiefeingreifender Wirkung sich zeigte, angesehen werden.

Die Departemente wurden in Distrikte oder Bezirke, die Distrikte
in Kantone eingetheilt, die Kantone in Gemeinden. Die Gränzen
der Departemente wurden bestimmt, abgeändert oder berichtigt durch
die gesetzgebende Versammlung. Kein Departement durfte mehr als
100 Quadratmiriameter im Umfang haben; keine Gemeinde eines
Kantons weiter als einen Miriameter von dem Hauptorte desselben
entfernt seyn.

Nach der ersten Eintheilung waren es 83 Departemente, welche
zusammen 249 Distrikte bildeten. — In gleicher Weise wurden auch
die französischen Kolonien abgetheilt.

Wie nun in der Justizverwaltung ein Friedensrichter (am Haupt-
sitze des Kanton) mit einem Gerichtsschreiber, einem oder mehreren
Gerichtsvollziehern, einem oder mehreren Notaren für jeden Kanton;
dann ein Distriktsgericht für jeden Distrikt über mehrere Friedensgerichte oder Kantone, dann ein Appellationsgericht über mehrere
Distrikte, und über alle Gerichte ein Cassationsgericht zur Wahrung
der Einheitlichkeit und Gleichförmigkeit der Justizverwaltung des ganzen
Reiches constituirt worden waren, — so wurde eine entsprechende
Instanzenreihe in der Administration geschaffen, nämlich: Jeder Gemeinde wurde ein maire, Bürgermeister, an die Spitze gegeben; eine
gewisse Anzahl Gemeinden, gewöhnlich 2 Kantone, wurden unter eine
Unterpräfektur, mehrere Unterpräfekturen unter eine Ober- oder Prä-
fektur schlechtweg gethan. Und wie die Justiz im Cassationsgericht,
gipfelt die Administration im Staatsrath. *)

_____

*) Die Beschlüsse der höhern Verwaltungsbehörden werden arrêtés genannt,
während bekanntlich die Urtheile des Cassations- und der Appellhöfe arrêts heißen.

Der Präfekt mit dem Präfekturrath ist die höchste administrative Stelle eines Departements und ihr ist die Eigenschaft einer ersten Instanz für alle die Sachen, welche die Gesetzgebung der administrativen Justiz zugewiesen hat, ertheilt. Der Präfekturrath besteht aus 3 bis 5 Mitgliedern, wird vom Präfekten präsidirt und hat diesem gegenüber sehr wenig Bedeutung und Macht. Der Staatsrath bildet in seiner zweiten Abtheilung (er hat deren 6) die zweite und letzte Instanz der Verwaltungs-Justiz und ist hiefür zusammengesetzt aus etwa 12 Beamten, nämlich 6 Staatsräthen, und ebensoviel maitres des requêtes.*) — Alle diese Beamten der Administration werden von der höchsten Staatsgewalt — Präsident, König oder Kaiser — nach Willkür ernannt und abgesetzt; letzteres ohne einen Anspruch auf Pension oder sonstige Entschädigung. Nach der Constitution vom Jahre III. dagegen wurden sie alle, wie die Justizbeamten, vom Volke gewählt.

Das Gesetz hat die richterlichen Beamten mit strengen Strafen bedroht, wenn sie in Amtsverrichtungen der Verwaltung eingreifen würden, umgekehrt aber auch jene der Verwaltung, wenn sie sich in legislative oder richterliche einmischen sollten.

Durch Artikel 127 des code pénal vom Jahre 1810 werden die richterlichen Beamten der Pflichtvergessenheit — forfaiture — schuldig erklärt, welche, positiv oder negativ, einen Eingriff in die Attribute der gesetzgebenden Gewalt, oder in das Gebiet der Verwaltungsbehörden begangen haben. Die Strafe, welche der Artikel droht, ist die degradation civique, welche eine infamirende und zu allen Aemtern unfähig machende Strafe ist. — Die Artikel 130 und 131 behandeln dasselbe Thema in Beziehung auf die Verwaltungs-

---

*) Das kaiserliche Dekret vom 25. Januar 1852 componirt den Staatsrath in folgender Weise: 1) Aus dem Kaiser als Präsidenten. 2) Aus den Ministern. 3) Aus einem Vicepräsidenten. 4) Aus 40—50 ordentlichen Staatsräthen. 5) Aus höchstens 20 außerordentlichen Staatsräthen. 6) Aus 40 maitres des requêtes, Requetenmeistern. 7) Aus 40 Auditeurs und 8) einem General-sekretär. Der Vicepräsident hat einen Gehalt von 80,000 Franken, die Räthe von 25,000 Franken; die Vorsitzenden der Sektionen von 35,000 Franken, die Requetenmeister von 10,000 und 6000 Franken, die Auditeurs erster Klasse von 2000 Franken, die zweiter Klasse sind unbesoldet.

beamten, für welche die gleiche Strafe — dégradation civique — angedroht ist.

Was gehört aber zum Ressort der Verwaltungsbehörden und existiren klare und erschöpfende gesetzliche Bestimmungen über die wechselseitige Competenz der Gerichte und der Verwaltungsbehörden? Leider kann diese Frage nicht vollständig und geradezu bejaht werden. Bis heute machen sich in dieser Beziehung noch recht bedeutende Lücken fühlbar. — Die Gesetze aber, welche die Competenz der Verwaltung bestimmen, sind folgende:

I. Das Gesetz vom 22. Dezember 1789 theilt der Competenz der Verwaltung, Sektion III. Artikel 1 und 2 zu:

a) Vertheilung der direkten Steuern; Anfertigung der Steuerrollen, Beaufsichtigung der einschläglichen Beamten, Anweisung der Ausgaben, welche in jedem Departement aus den Steuern bestritten werden sollen.

b) Handhabung der Polizei über Vagabunden und Bettler; Armenwesen.

c) Die Beaufsichtigung der Hospitäler, Gotteshäuser, Wohlthätigkeitsanstalten, Gefängnisse jeder Art.

d) Die Ueberwachung des Unterrichts, der öffentlichen Erziehung.

e) Bewahrung und Verwendung der Fonds, die in jedem Departemente bestimmt sind zur Ausübung der öffentlichen Wohlthätigkeit und zur Aufmunterung des Ackerbaues und der Industrie.

f) Erhaltung des Staatseigenthums, der Wälder, Flüsse, Kanäle ꝛc., Anordnung und Ausführung der Arbeiten von Straßen, Kanälen und andern öffentlichen Werken.

g) Erbauung, Unterhaltung und Ausbesserung von Kirchen, Pfarrgebäuden ꝛc.

h) Einrichtung und Verwendung der Nationalgarden.

i) Handhabung der öffentlichen Ruhe, der Sicherheit, der Reinlichkeit.

II. Eine zu obigem Gesetze erlassene Instruktion vom 12. bis 20. August 1790.

III. Ein Gesetz vom 6., 7. und 11. September 1790, dessen Hauptbestimmungen folgende sind: die Verwaltung entscheidet ohne Dazwischenkunft der Gerichte Beschwerden gegen die Umlagen von

direkten Steuern; — die Gerichte erledigen in beiden Inſtanzen
Civilklagen, welche ſich auf die Erhebung indirekter Steuern beziehen; — die Verwaltung entſcheidet die Zweifel, die ſich allenfalls
erheben über die von Unternehmern öffentlicher Arbeiten eingegan-
genen Verträge; — ebenſo die Klagen der Privaten über Schaden,
den dieſelben durch die von Unternehmern öffentlicher Arbeiten aus-
geführten Bauten erlitten haben wollen; — den Verwaltungsbehörden ſteht die Verwaltung der Landſtraßen zu, den Gerichten die
Erhaltungspolizei derſelben; — ebenſo der erſtern die Erhaltung
und Verwaltung der Wälder, des Holzverkaufs daraus, und der
Flüſſe; die Polizei der Forſte und des Fiſchfangs dagegen wieder
den Gerichten.

Es exiſtiren in dieſer Materie noch hunderte von Geſetzen und
Verordnungen, aber nur über einzelne Materien, ohne allgemeine
Grundſätze zu enthalten oder ſolche ſchließen zu laſſen.

Dem Leſer wird es nicht entgangen ſeyn, wie gar unvollkommen dieſe geſetzlichen Beſtimmungen über die Competenz der Verwaltung und der Gerichte ſind, und wie nothwendig eine Menge
von Fällen eintreten mußten, wo die Competenz zweifelhaft war
und mit einigem Recht von der Verwaltung wie von den Gerichten
in Anſpruch genommen werden konnten. Um alſo die Harmonie
und den Frieden unter ihnen zu erhalten, erfand der Geſetzgeber
ein Mittel, und dieſes Mittel iſt die Conſtituirung des ſogenannten
„Competenzconfliktes.“

Durch das Geſetz vom 21. Fructidor des Jahres III (Art. 27)
war der Juſtizminiſter mit der Entſcheidung der Conflikte, unter
Vorbehalt der Genehmigung des Vollziehungs-Direktoriums beauf-
tragt; — nach Einſetzung des Staatsrathes wurde dieſem durch
einen Conſularbeſchluß vom 5. Nivose Jahr VIII dieſe Funktion
übertragen.

Die Art und Weiſe, wie die Competenzconflikte zu erheben ſind,
beſtimmt ein Conſularbeſchluß vom 13. Brumaire Jahr X folgender-
maßen:

„Sobald die Staatsprokuratoren Kenntniß erhalten, daß eine
„zur Cognition der Verwaltung gehörige Streitſache vor das Gericht,
„an dem ſie amtiren, gebracht worden iſt, müſſen ſie die Ver-

„weisung der Sache vor die Verwaltung beantragen, und ihr An-
„trag muß in das ergehende Urtheil eingerückt werden. — Lehnt
„das Gericht die Zurückverweisung ab, so setzen sie den Präfekten
„hievon sofort in Kenntniß und fügen ihre Conclusionen mit Mo-
„tiven bei. — Der Präfekt muß innerhalb 24 Stunden den Con-
„flikt erheben und sogleich Abschrift seines Beschlusses dem Staats-
„prokurator einsenden. Dieser hat ihn dem Gerichte mit dem An-
„trage vorzulegen, sich auf den Grund des Artikels 27 des Gesetzes
„vom 21. Fructidor alles ferneren Verfahrens zu enthalten, bis der
„Staatsrath entschieden haben wird. Die Präfekten sollen, auch
„ohne Mittheilung des Staatsprokurators, den Konflikt jedesmal er-
„heben, wenn sie erfahren, daß ein Verwaltungsgegenstand vor die
„Gerichte gebracht worden ist, und in diesem Falle muß der Staats-
„prokurator obigen Antrag selbst alsdann stellen, wenn er anderer
„Meinung seyn sollte."

Die Entscheidung des Staatsrathes, welche der Genehmigung
des Staatsoberhauptes zu ihrer Gültigkeit bedarf, war gesetzliche
Norm für die Behörden sodann wie für die Parteien, und die
Sache wird entweder der Verwaltung oder den Gerichten zur fer-
nern Behandlung zugewiesen. Gegen ein in Rechtskraft erwach-
senes Urtheil ist keine Competenzconflikt-Erhebung mehr zulässig. —
Dekret vom 15. Januar 1813 und 6. Januar 1814 gegen eine
gegentheilige Ansicht.

Ebenso wie bei einem positiven Conflikte mußte in gleicher
Weise der Competenzconflikt beim Staatsrathe erhoben und durch
ihn entschieden werden, wenn er negativer Natur seyn sollte, das
heißt, wenn Verwaltung und Justiz in demselben Falle sich dahin
entschieden, daß die Sache nicht zu ihrer Cognition gehöre.

Unter dem Ministerium Villèle trieb der Staatsrath einen ar-
gen Mißbrauch mit den Competenzconflikten. Alle Streitigkeiten
riß er an sich. Diesem Treiben trat Cormenin gegenüber kräftig
auf und es wurde unter dem folgenden Ministerium Martignac
besser. Dupin behauptete einmal, jener Villèl'sche Staatsrath habe
förmlich die Justiz interdiciren wollen. Die republikanische Regierung organisirte zuletzt in den Jahren 1848, 1849 und 1850 einen
eigenen Gerichtshof von 4 Cassationsräthen und 4 Staatsräthen,

denen der Justizminister und im Verhinderungsfall der Unterrichts-
minister präsidirt, zur Entscheidung der Competenzconflikte. Ein
Parketmitglied des Cassationshofes und ein Requetenmeister des
Staatsraths sind als öffentliches Ministerium demselben beigegeben.
Und so ist es heute noch.

Nicht alle Sachverständige sind zufrieden und einverstanden mit
der Constituirung der contentiösen Abministration oder administrativen Justiz. Und ihre Gründe hiefür sind nicht zu verwerfen. Da
die Präfekten und die Glieder des Staatsraths, die Richter in 1ter
und 2ter Instanz, in keiner Weise unabhängig sind, sondern von
der höchsten Staatsgewalt und dem Minister des Innern geradezu
nach bon plaisir entlassen werden können, so hat man nicht die
Garantie eines unabhängigen Forums, wie bei dem unabsetzbaren
Richter der Justiz; überdieß ist die Verwaltung oft in eigener Sache,
z. B. überall da, wo es sich um Akte der Verwaltung handelt oder
um das Interesse derselben, Partei und Richter, und das ist eben
kein kleiner Uebelstand.

In consequenter Ausführung des Prinzips, welches den Justizbehörden die Kritik eines Verwaltungsaktes verbietet, hat das Gesetz
vom 14. Oktober 1790 auch verfügt, daß kein Verwaltungsbeamter
wegen Handlungen seines Amts vor Gericht gestellt werden
kann, wenn nicht vorher die höhere Verwaltungsbehörde die Erlaubniß hiezu ertheilt habe. Bezüglich der Munizipalbeamten genügte
die Ermächtigung zu ihrer Verfolgung durch die Departemental-Ver-
waltung nach der Bestimmung des Gesetzes vom 14. Dezember
1790. — Die Constitution vom Jahre VIII hat im Artikel 75
dem Staatsrath dieses Ermächtigungsrecht in Betreff aller Verwaltungsbeamten übertragen, und dieses ist auch bis heute im französischen Staatsrecht so geblieben.

Daß eine solche Ermächtigung aber auch nur wegen Dienst-
handlungen nothwendig ist und auf diese Fälle beschränkt bleiben
muß, versteht sich von selbst und es kann der Verwaltungsbeamte
also, wenn er strafbare Handlungen begeht, die mit seinem Amte
in keiner Verbindung stehen (Diebstahl, Mißhandlung, Jagdfrevel)
ohne Ermächtigung von den Strafgerichten verfolgt werden, wie er
vor den Civilgerichten belangt werden kann wegen eines Civilrechts-

anspruches an seine Person selbst, oder auch wenn der Staat wegen eines finanziellen Interesses oder wegen einer Eigenthumsfrage in der Person eines solchen Beamten vor Gericht gefordert werden soll.

Hat der Verwaltungsbeamte die Grenzen seiner Befugnisse überschritten, so haben die Staatsbehörden · die Erlaubniß, ihn vor Gericht zu stellen, durch ein Gesuch von dem Staatsrath zu erholen; im Weigerungsfalle unterbleibt die gerichtliche Verfolgung.

Daß mit diesen Bestimmungen auch hie und da Mißbrauch getrieben wurde und wird, daß man Gesetzesübertretungen von Verwaltungsbeamten, die mit seinem Amte nicht im Zusammenhang stehen, um ihn, weil er sonst ein brauchbares Subjekt vielleicht ist, zu schützen, gewaltsam als eine in Beziehung auf seine Funktionen begangene Handlung charakterisirt, die Nachsuchung der Ermächtigung also gebietet und dann dieselbe verweigert, ist allerdings eine traurige Thatsache, welche in den immer etwas unsaubern Zuständen der Gesellschaft ihren leicht erklärlichen Grund findet und in denselben wurzelt. *)

Literatur.

Eléments du droit public et administratif. par Foucart. 1834. droit public et administratif francais. par Bouchené-Lefer. 1830. Abrégé de principes d'administration par Bonnin. 1829. — Institutes du droit administratif français. par Gérando. code administratif, par Fleurigeon. 1809. dictionnaire de droit public et administratif. par Albin le Rat de Magnitot et Huard Delamarre. 1836. Ferner die Werke von Gandillot 1834, die von Lalouette 1823, von Henrion de Pansey, von Péchart. — Die Schriften von Rondonneau, Dumont, Dujardin, Boyard zum Handgebrauch für Munizipalbeamte (sogenannte manuels).

---

*) In der belgischen Staatsverfassung (wohl eine der besten überhaupt, die existiren) ist durch Art. 106 die Entscheidung der Competenzconflikte dem Cassationshofe von Belgien zugewiesen, für dessen Unabhängigkeit alle Garantien gegeben sind. — In Bayern werden diese Conflikte durch eine mit gleichen Garantien ausgerüstete Commission entschieden, die aus einem Vorstande und drei Räthen des obersten Gerichtshofes und drei höheren Verwaltungsbeamten — welchen fast dieselben pragmatischen Rechte zur Seite stehen — componirt ist; Gesetz vom 28. Mai 1850 Art. 1 und 22. —

II. Justizorganisation.

a) Das Richteramt. Aeußere u. innere Organisation desselben.

Friedensgerichte. Bezirksgerichte. Appellationsgerichte. Handels- gerichte. Cassationsgericht.

In welch' glücklichere und bessere Lage durch den Umschwung der Dinge vor Allem die Justizorganisation gekommen war, haben wir in der Einleitung, in deren Abschnitt II gezeigt und wir wollen nur in Kürze recapituliren, was in Beziehung auf das Richteramt dort vorgetragen wurde. — Es war von jetzt an:

1) Das Amt des Richters nicht mehr verkäuflich; —

2) Die Spendung der Justiz unentgeltlich, soweit sie durch den Richter geschah; (natürlich nicht die Mühewaltung der Anwälte und Advokaten) die Richter wurden vom Staate besoldet;

3) Die Richter aller Grade inamovibel, d. h. unabsetzbar, nicht versetzbar außer durch richterlichen Spruch; *)

4) Das Verfahren vor den Gerichten ein öffentliches und mündliches in Civil- und Criminalsachen.

5) Die Funktion des Richters auf die Verwaltung der Justiz be- schränkt, geschieden von Polizei und Administration.

6) Ein regelmäßiger Instanzenzug für Civil- und Strafsachen, sowie ein gut organisirtes Cassationsgericht constituirt.

7) Die Patrimonial-Gerichtsbarkeit aufgehoben.

Es waren also nunmehr dem Lande alle möglichen Garantien gegeben, einen unabhängigen, ehrenhaften Richterstand zu besitzen,

---

*) In dem Begriff des inamovibel liegt es auch, daß sie nicht quiescirbar sind, außer auf eigenes Ansuchen. In Deutschland versteht man dagegen un- ter Inamovibilität des Richters nur die Unabsetzbarkeit desselben, außer durch richterliches Urtheil; — versetzt und quiescirt können sie dagegen nach Herzenslust werden, was natürlich ihre Unabhängigkeit sehr be- einträchtigen kann. Indessen wurden die französischen Richter doch erst durch die Charte vom Jahre 1814 vollständig inamovibel, denn zuerst, als sie auf 6 Jahre wählbar waren, konnten sie nicht so qualificirt werden, da ja jeder neue Wahl- act sie in Frage stellte; und eben so waren sie es nicht ganz unter Napoleon, da dieser einen Termin von 5 Jahren bis zur definitiv erreichten Inamovibi- lität festsetzte.

und wenn Mitglieder desselben gefunden werden, die nicht diese Be-
zeichnungen verdienen, so muß dieses auf Rechnung ihres Charakters
und nicht der gesetzlichen Institutionen geschrieben werden.

Der Thatsache, daß nach dem Gesetze vom 16. — 24. August
1790 die Richter vom Volke gewählt wurden, daß aber nach dem
spätern Staatsrechte die Ernennung derselben durch das Staatsoberhaupt geschieht, haben wir ebenfalls schon erwähnt, und wir
wollen nun die einzelnen Gerichte in ihrer Zusammensetzung, ihrer
Competenz und sonstigen Attributen ins Auge fassen, nachdem wir
noch angeführt haben, daß obiges Gesetz vom Jahr 1790 durch
spätere Constitutionen und Organisationsgesetze erweitert und modi-
ficirt, in seinen Grundzügen aber, namentlich in den oben ange-
führten 7 Punkten bis heute seine Geltung hat.

Die letzten Napoleonischen Organisationsgesetze sind: 1) das
kaiserliche Decret vom 20. April 1810, welches von seinem 48sten
Artikel an bis zum 62ten inclusive auch eine Zuchtordnung*) enthält; 2) das kaiserliche Detret vom 6. Juli 1810.

Die streitige Gerichtsbarkeit, als Gegensatz der nicht streitigen oder freiwilligen, welche hauptsächlich die Notäre verwal-
ten, wird also ausgeübt:

1) Durch Friedensrichter, Einzelnrichter.

2) Durch Erstinstanz, Distrikts- oder Bezirksgerichte.

3) Durch Appellgerichte. (Zweit-Instanzgerichte).

4) Durch Handelsgerichte.

5) Durch ein Cassationsgericht.

Die Friedens- und die Handelsgerichte werden zur exceptionellen**) oder außerordentlichen Gerichtsbarkeit gerechnet,

---

*) Die Disciplinarstrafen sind nach Art. 50 des Dekretes: 1) der einfache Verweis
oder die einfache Censur. 2) Die Censur mit scharfem Verweis (hat von
Rechtswegen die Entziehung eines Monatsgehaltes zur Folge). 3) Die Suspension. (Beraubung des Gehalts während ihrer Dauer). Jede dieser Strafen kann nach Umständen erkannt werden; sie müssen nicht in dieser Reihenfolge angewendet werden, und 4) die definitive Absetzung (déchéance).
(Detret vom 1. März 1852).

**) Zu der exceptionellen Gerichtsbarkeit gehören auch die „conseils des Prud'
hommes" für Fabrik- und Handelsstand; — und die „conseils de guerre"

die andern Gerichte zu der ordentlichen Gerichtsbarkeit; justice ordinaire und justice extraordinaire oder tribunaux d'exception.

Exceptionell ist das Gericht wenn es nur auf bestimmte Sachen beschränkt ist, ordentlich wenn es als Regel gilt. — Die Handelsgerichte werden an vielen Orten durch die Erstinstanzgerichte repräsentirt, wo die Handelsverhältnisse nicht bedeutend genug sind zur Errichtung eigener Handelsgerichte. Die ordentliche Gerichtsbarkeit hat zwei Instanzen, Bezirksgerichte in 1ter, Appellgerichte in 2ter Instanz. — Daß das Cassationsgericht nicht als eine eigentliche Instanz angesehen werden kann, geht aus seiner Competenz hervor, auf welche wir in dem Capitel hierüber verweisen wollen.

Von den Friedensgerichten.

Die Friedensgerichte sind zusammengesetzt aus dem Friedensrichter und seinem Gerichtsschreiber. An denselben fungiren ferner noch Gerichtsvollzieher oder huissiers, ein oder zwei, nach Bedürfniß; und in Polizeisachen ein Polizeibeamter als Organ des öffentlichen Ministeriums. — Der Polizeibeamte ist entweder Bürgermeister, Adjunkt (Munizipal- oder Gemeindebeamte) oder ein Polizeicommissär, Besoldeter, Angestellter der Regierung. In jedem Canton*) und für denselben ist ein solches Friedensgericht constituirt. — Wir haben es indessen hier nur mit dem Richter allein zu thun, während die Nebenpersonen in dem ihnen gewidmeten Abschnitte besonders behandelt werden. —

Im Jahre 1790 hatte man dem Friedensrichter zwei Assessoren zum Sitzungsdienst zugewiesen, denen man das Stimmrecht zugestand. Dieselben waren Bürger oder Bauern, die nicht besoldet waren, und oft nicht lesen und nicht schreiben konnten. Diese trübseligen Figuranten schaffte das Gesetz vom 9. ventose Jahr IX

---

für das Militär. — Letztere liegen aber außer dem Bereiche unserer Aufgabe, erstere sind in dem Handelsrechte aufzuführen. Der Schiedsgerichte wird in der Civilprozeßordnung Erwähnung geschehen.

*) In Paris sind ausnahmsweise 12 Friedensrichter für die 12 Arrondissements der Stadt angestellt. Die Zahl sämmtlicher Friedensgerichte des Reichs beläuft sich auf 2847 ohne Savoyen und Nizza.

3*

wieder ab, und führte die Suppleant- oder Ergänzungsrichter ein, welche den Friedensrichter im Verhinderungsfall zu ersetzen haben. —

Die Attribute, welche die Gesetzgebung den Friedensrichtern zugetheilt hat, sind folgende: a) in Civilsachen.

1) Sie sind Richter in rein persönlichen und Mobiliarsachen bis zu 100 Francs unter Vorbehaltung der Berufung, bis zu 50 Francs in letzter Instanz.

2) Sie erkennen bis zum Werth von 50 Francs in letzter Instanz, und in erster Instanz, wie hoch sich auch der Werth belaufen mag: über Klagen wegen Beschädigungen, welche Menschen oder Vieh an den Feldern, Früchten und Ernten verübt haben; — über Verrückung von Grenzsteinen, Usurpationen an Land, Bäumen, Hecken, Gräben ꝛc., welche innerhalb des Jahres begangen worden sind, und über alle andere possessorische Klagen oder Besitzstreitigkeiten; — über die Reparaturen, welche den Pächtern von Hofgütern und Häusern zur Last fallen; — über die von Miethern und Pächtern gestellten Entschädigungsansprüche wegen Vorenthaltung des Genusses der gepachteten Güter; — über Klagen wegen Verbal- und Realinjurien, wenn die Partheien nicht vor den Strafgerichten klagen; — über die Vollziehung der Verträge zwischen Herrn und Dienstleuten oder Arbeitsleuten, sowie über die Zahlung ihrer Löhne. Ueberdem kann ihre Competenz durch Prorogation der Partheien erweitert werden. — Auch üben sie das VermittlungsAmt aus in Prozessen, die vor die Tribunale gehören. Dieses Attribut, das schönste und wichtigste, was dem Friedensrichter gegeben, ist fähig, wenn es gehörig geübt wird, das Institut der Friedensrichter allein schon zum segensreichsten zu machen. — Siehe. im Civilprozeß: „vom Vermittlungsamt.“ Ihre Urtheile heißen „jugements“ wie die der Erstinstanzgerichte.

3) Ihnen ist die Anlegung und Abnahme der Siegel bei Verlassenschaften zugetheilt; Art. 907—940 code de procedure civil, ebenso die Aufnahme von Notoritätsakten, um den Mangel von Geburtsakten zu ersetzen. Art. 70—72 des code civil; — ebenso die von Adoptionsakten, Art. 353 ibidem. — von Testamenten in Gemeinden, worin die Pest oder eine ansteckende Krankheit herrscht,

Art. 985 ibidem. — von Emanzipationsurkunden, Art. 477 ibidem. — von Anerkennungsakten natürlicher Kinder.

4) Sie haben das Recht der Zusammenberufung und des Präsidiums des Familienraths, sowie der Redaktion der Beschlüsse desselben, — wohl eine ihrer wichtigsten Funktionen.

5) Sie haben verschiedene Beamten niederer Kathegorie, Feld- und Waldschützen, Förster und Zollschutzwächter in Beeidigung zu nehmen und Urkunde darüber errichten zu lassen.

Außerdem sind ihnen durch das Handels-, das Prozeß- und das Civilgesetzbuch eine Menge prozessualischer Funktionen zugetheilt worden, so wie sie auch Aufträge erhalten können (Rogatorien oder Requisitorien) von den Collegialgerichten zur Abhaltung von Zeugenverhören, Ortsbesichtigungen, Eidesabnahmen, Expertenbeeidigungen und dergleichen.

b) In Strafsachen.

1) Die Aburtheilung aller Polizeiübertretungen ist ihnen übertragen, wozu auch die Forstrüge in erster Instanz zu rechnen ist.

2) Sie sind Hilfspolizeibeamte des Staatsprokurators.

3) Sie werden delegirt zu Untersuchungen durch den Untersuchungsrichter, wenn derselbe nicht im Kanton wohnt.

Wie vielfältig die Berufsgeschäfte des Friedensrichters also sind, das geht aus dem obigen hervor, wobei wir noch bemerken müssen, daß wir vieles als weniger bemerkenswerth unterlassen haben anzuführen. Nur später soll noch einer ganz besondern Attribution erwähnt werden, nämlich der Befreiung von widerrechtlich gefangen gehaltenen Personen.

Daß also die Idee, welche man bei Einführung der Friedensrichter von Seite der Gesetzgeber hatte, „daß hiezu ein Mann genüge, der das Herz auf dem rechten Flecke hat und nur einige Erfahrung und Umsicht besitzt", eine zu kühn phantastische war, ergiebt sich aus diesen außerordentlich vielen Attributen. Der Deputirte Thouret, welcher in der assemblée nationale die vorerwähnten Worte sprach, und Alles von der Einfachheit der für den Friedensrichter gewählten Prozeßformen hoffte, hat sich gewaltig geirrt und die Erfahrung ergibt, daß gute Friedensrichter viel schwerer zu finden sind, als gute Collegialrichter. Der letztere schöpft Rath und leiht bei seinen Collegen, wenn ihm die Weisheit ausgeht; der Erstere aber steht allein und nur auf sich angewiesen. — Und immer schwieriger wird die Verwaltung der Friedensgerichte, da die neuere Gesetzgebung (in Frankreich wie in Belgien, Rheinpreußen zc.) die Competenz derselben in bürgerlichen Streitsachen immer mehr erweitert.

Wir haben schon früher darauf hingedeutet, daß der französische Gesetzgeber die Idee des Instituts und dessen Benennung aus der englischen Verfassung sich geholt aber einen ganz andern Beamten daraus geschaffen hat, als der englische Friedensrichter ist, der von dem französischen durch seinen Geschäftskreis, amtliche Stellung, Verhältniß zum Amt und zur Regierung, himmelweit verschieden ist. (Ein englischer Friedensrichter*) braucht allerdings kein Jurist zu seyn, was beim französischen unumgänglich nothwendig ist.

Die Grundlage des französischen Friedensrichters sollte, wie der Gesetzgeber meinte, die Tugend seyn, während sie beim englischen im Vermögen besteht.

Der französische Friedensrichter bezog früher eine, allerdings nicht bedeutende Besoldung von 600—1600 Francs je nach der Bedeutung seines Kantons; nach dem Gesetz vom 21. Juni 1845 aber beziehen sie jetzt in Paris 7000 Franken, in anderen Städten 4000, 2500, 3000, 2100, 1800, 1500 und als Minimum 1200 Franken. Durch dieses Gesetz sind übrigens alle Sporteln weggefallen und aufgehoben, denn derselbe bezog bis dahin noch eine weitere Ein-

---

*) Ein Jeder, der gewisse Bedingungen in England erfüllt, ist Friedensrichter, de droit. Ein guter Name und eine Revenue von hundert Pfund lebenslänglich sind diese Bedingungen. Der König vollzieht das Gesetz, indem er einem solchen Bürger, wenn er den Antrag stellt, die Bestallung als Friedensrichter — judge of peace — gibt — Die Zahl der englischen Friedensrichter ist unbeschränkt. Sie sind unbesoldet. Ihre Attribute sind nicht allein justizieller Natur, sondern sie üben auch einen großen Theil der Verwaltung, der Verwaltungs- und gerichtlichen Polizei aus; endlich sind sie Polizeirichter in Bagatellsachen, und urtheilen collegialisch mit Zuziehung mehrerer Collegen in Vierteljahressitzungen über bedeutendere Civil- und Strafsachen. Ihre vorzüglichste Amtspflicht aber ist die Erhaltung des Königsfriedens, das heißt der Ruhe der Bürger und der öffentlichen Ruhe.

nahme an Sporteln für Familienrathssitzungen, SiegelAnlegung und Abnahme, Ortsbesichtigungen in gewisser Entfernung von seinem Amtssitze, und für seine Assistenz bei Verhaftnahmen wegen Wechsel und Handelsschulden.*)

Das ihm vorgesetzte Bezirksgericht ist seine Disziplinarbehörde, insofern es sich um seine Stellung als Richter handelt. Auch legt er vor demselben den Amtseid ab. — Als Hülfspolizeibeamter kann er auch durch Verweise der Staatsbehörde beahndet werden. — Die Strafen sind die des Art. 50 des Dekrets vom 20. April 1810, welche weiter oben angeführt wurden. Das Amtskleid (die Uniform) des französischen Friedensrichters ist die schwarze Toga mit einem Barette derselben Farbe und weißer Halsbinde, ganz so wie die der Erstinstanzrichter.

Schließlich kommen wir auf die Attribution des Friedensrichters, im Falle er von einer unbefugten oder ungehörigen Gefangenhaltung eines Staatsangehörigen Kenntniß erlangt, den Gefangenen sofort in Freiheit zu setzen, zurück. — Diese Verpflichtung ist indessen nicht ihm allein, sondern dem Untersuchungsrichter und den Beamten des öffentlichen Ministeriums gleichfalls auferlegt und zwar allen bei Strafe der Complizität mit den Urhebern des Verbrechens, wenn sie nicht in der vom Gesetze Art. 615—618 des Strafprozesses vorgeschriebenen Weise verfahren.

Von den Bezirksgerichten.

Die Distrikts oder Bezirksgerichte, welche die erste Instanz in Civil und Strafsachen bilden, waren durch das Gesetz vom 16. bis 24. August 1790 in's Leben gerufen worden mit der Bestimmung, daß sie auch unter sich wechselseitig die Appellationsgerichte bilden sollten. Aber sie bewährten sich durch die Erfahrung nicht, und die Constitution vom 5. Fructidor Jahr III. schuf für jedes Departement ein einziges großes Tribunal für Civilsachen. Für die Strafsachen wurde ein DepartementalCriminalgericht bestimmt, das mit Zuziehung von Geschwornen über Verbrechen aburtheilte und zugleich

---

*) In Rheinbayern, Rheinpreußen und Rheinhessen beziehen sie noch diese Sporteln oder Diäten.

das Appellgericht für die Zuchtpolizeigerichte bildete. Diese wurden componirt aus zwei Friedensrichtern unter dem Präsidium eines Gliedes des Civiltribunals, der zugleich als Untersuchungsrichter fungirte, und den Titel „directeur du Jury" führte. — Die fraglichen Civiltribunale wurden unter sich wechselseitig zu Appellgerichten verwendet. Das Mangelhafte dieser Einrichtung springt in's Auge, und Napoleon als erster Consul beseitigte dieselbe durch das Gesetz vom 27. ventose Jahr VIII., das am Hauptort eines jeden Bezirks (arrondissement) ein Tribunal erster Instanz für Civil- und Zuchtpolizeisachen, sowie eigene Appellationsgerichte constituirte. — Die Departemental-Criminalgerichte dagegen wurden beibehalten und erst durch das Strafgesetz vom Jahre 1810 durch Assisenhöfe ersetzt.

Nach den beiden letztgenannten Gesetzen zerfallen bezüglich der Anzahl der Mitglieder dieselben, die Erstinstanzgerichte nämlich, in verschiedene Klassen, je nachdem sie bei Bildung der Assisenhöfe zu concurriren haben, oder nicht.*) Nämlich in Tribunale mit zehn Richtern und vier Suppleantrichtern, in solche mit neun Richtern und vier Suppleanten, in solche mit zwölf Richtern und sechs Suppleanten, in solche mit acht oder sieben Richtern und vier Suppleanten und endlich solche mit vier oder drei Richtern und drei Suppleanten. Der Präsident ist immer unter den Richtern mitgerechnet, und einer der Richter, den der Kaiser hiezu ernennt, fungirt auf die Dauer von 3 Jahren als Untersuchungsrichter.

Jedem dieser Tribunale ist ein öffentliches Ministerium mit 3 oder 2 Beamten und die nöthige Anzahl von Gerichtsschreibern und Gerichtsvollziehern beigegeben.

Ausnahmsweise zählte das Tribunal zu Paris 36 Richter und 12 Suppleanten, welche Zahl später wiederholt vermehrt wurde.**)

Die meisten Tribunale bestehen aus vier oder drei Richtern.

---

*) In ganz Frankreich bestehen dermalen 316 Erstinstanzgerichte, Savoyen und Nizza nicht mitgerechnet.

**) Dermalen bilden 1 Präsident, 8 Vicepräsidenten, 56 Richter (worunter 10 als Untersuchungsrichter fungiren) und 8 Suppleanten in 8 Kammern das Tribunal zu Paris. Beigegeben sind ihm: 1 Staatsprokurator mit 18 Substituten, 1 Obergerichtsschreiber mit 20 Untergerichtsschreibern, 30 Huissiers, 1 Sekretär für Präsident und 1 für Staatsprokurator.

Kein Tribunal aber kann ein Urtheil erlassen ohne wenigstens aus 3 Richtern componirt zu seyn. — Ihre Urtheile werden „jugements" genannt. Die Competenz dieser Tribunale und die ihnen zugestandenen Attribute sind folgende:

In Diszi plinarsachen urtheilen sie ab über die Friedensrichter, die Notäre, die Anwälte und Advokaten, die Gerichtsvollzieher.

Dem Präsidenten steht eine Disziplinarbefugniß gegen die Gerichtsschreiber des Tribunals zu.

In Strafsachen:

1) Sie erkennen unter dem Namen Correktionelgerichte über alle Forstfrevel, welche auf Betreibung der Forstbehörde eingeklagt werden, so wie über alle andern Vergehen, worauf eine höhere Strafe als fünftägiges Gefängniß und fünfzehn Franken Geldbuße gesetzt ist. — Gegen solche Urtheile kann an den Appellhof appellirt werden.

2) Sie erkennen als Appellationsgerichte über die von den Friedensgerichten ergangenen Urtheile in einfachen Polizeisachen, wenn diese Urtheile appellabel sind.

3) Sie bilden auch nach Art. 200 und 201 der Strafprozeßordnung die Appellations-Instanz für andere Tribunale erster Instanz, wenn das Erstinstanzgericht in dem Hauptorte des Departements seinen Sitz hat und sich nicht zugleich ein Appellhof daselbst befindet.

4) Sie führen und leiten die Untersuchungen über die in ihrem Gerichtsbezirke verübten Vergehen und Verbrechen.

5) Sie erkennen in geheimer, in der Rathskammersitzung (chambre de conseil) über die vom Untersuchungsrichter geführten und durch das öffentliche Ministerium an sie gebrachten Untersuchungen über den weitern Gang der Prozedur, nämlich:

a) daß kein weiteres Verfahren statt zu finden habe, oder
b) daß die Sache zur Aburtheilung vor die öffentliche Sitzung des Correktionalgerichts, oder
c) zu gleichem Zwecke vor das einfache Polizeigericht zu verweisen sei; oder
d) daß die Sache sofort als Verbrechen indicirt der Anklagekammer des Appellhofs zu überweisen sei. —

In Handelssachen:

Ueben sie in denjenigen Bezirken, wo es keine Handelsgerichte gibt, alle den Handelsgerichten übertragenen Funktionen aus und erkennen über alle die Sachen, welche in den Ressort der Handelsgerichte fallen.

In Civilsachen:

I. Sie erkennen in erster und letzter Instanz,

a) über alle persönlichen und Mobiliarklagen, deren Gegenstand die Summe von 1000 Francs nicht übersteigt;

b) über alle dingliche und vermischte Klagen, insoferne der Rentenbetrag die Summe von fünfzig Franken nicht übersteigt;

c) über alle Klagen wegen indirekter Steuern; droits d'enregistrement, droits réunis etc.;

d) über alle Streitsachen, in welchen sie durch Compromiß der Parteien als letzte Instanz provogirt wurden;

II. Sie erkennen nur in letzter Instanz, als Appellationsgericht, in Berufungen von Urtheilen der Friedensgerichte, deren Klage-Gegenstand die Summe von 50 Franken übersteigt.

III. Sie erkennen nur in erster Instanz:

a) über alle persönliche und Mobiliarklagen, deren Objekt den Betrag von 1000 Francs übersteigt;

b) über alle dingliche und vermischte Klagen, deren Objekt die Summe von 50 Francs übersteigt oder nicht genau bestimmt ist;

c) über alle Oppositionen gegen den Vollzug von Urtheilen der Handelsgerichte, oder der Strafgerichte hinsichtlich der Civilentschädigung, oder ihrer eigenen Urtheile;

d) über alle Klagen in Bezug auf Staatsdomainen.

Alle Prozesse werden in öffentlicher Sitzung entschieden, wenn nicht der öffentlichen Ordnung oder Sittlichkeit halber die Verhandlung bei geschlossenen Thüren angeordnet wurde, was immer durch ein förmliches Urtheil des Gerichts unter Anhörung des öffentlichen Ministeriums constatirt werden muß.

Die Handlungen der nicht streitigen Gerichtsbarkeit dagegen, als freiwillige Ehescheidungen, Homologationen oder Genehmigungen von Familienrathsbeschlüssen geschehen in der Rathskammer in geheimer Sitzung.

Außerdem äußert sich noch die richterliche Thätigkeit des einzelnen Mitgliedes eines Tribunals durch Uebertragung von Commissorien, als in Collocationssachen, zu Zeugenverhören, zu Ortsbesichtigungen, zu Eidesabnahmen bei kranken Personen oder auch der Juden in den Synagogen; endlich zu Interrogatorien bei Prozeduren wegen geistiger Unfähigkeit, beim sogenannten Interdictionsprozeß.

Dem Präsidenten, wenn er auch nur als primus inter pares erscheint, das heißt, wenn er auch nur wie jeder andere Richter zu votiren hat und seine Stimme bei Gleichheit nicht einmal den Ausschlag gibt, sind doch der nothwendigen hierarchischen Ordnung halber, so wie wegen des Geschäftsgangs theils durch das Organisationsdekret theils durch den code civil und den code de procedure civil gewisse Vorzüge und Funktionen allein übertragen, in denen allen er sich übrigens kraft seiner mündlichen oder schriftlichen Delegation durch seine übrigen Collegen, die einfachen Richter, jederzeit vertreten lassen kann; diese besondern Attribute sind folgende:

a) Der Präsident hat die Polizei in der Sitzung zu handhaben in Civil-, Straf- und Handelssachen.

b) Er verkündet das Urtheil.

c) Ihm ist speziell übertragen: die Zurechtweisung der Gerichtsschreiber, die Beaufsichtigung des Richterpersonals und ihre Qualifikation, die Ertheilung des sogenannten kleinen Urlaubs an richterliche Personen.

d) Ihm steht zu: die Abhaltung der Reservesitzungen;

e) Der Versuch der Sühne in Ehescheidungssachen;

f) Die Vertheilung der Prozesse unter die Kammern des Gerichts.

g) Die Bezeichnung von Richtern zur Wahrnehmung gewisser Geschäfte, Referate auf Requeten und Bittschriften namentlich;

h) Die Vollziehbarkeitserklärung schiedsrichterlicher Urtheile;

i) Er ertheilt die Erlaubniß, Arreste und provisorische Pfändungen anzulegen.

k) Er bestimmt den Notär zur Deposition eines olographischen Testaments.

l) Er erkennt bei Hindernissen, auf welche Siegel-Anlegungen und Abnahmen, Errichtung von Inventarien und Verkäufen von Mobilien stoßen.

m) Er regulirt die Oppositionen gegen Urtheilsqualitäten.

Außerdem steht ihm das Recht und die Verpflichtung zu, von

Amtswegen oder auf Antrag der Staatsbehörde jeden Richter, der gegen seine Amtswürde verstößt, zu ermahnen.

Die Disziplinirung der Richter geschieht durch den Appellhof, vor welchen er vorgeladen und gehört werden muß. Die Staatsbehörde hat dabei zu konkludiren. Alle disziplinarischen Erkenntnisse müssen dem Justizminister eingeschickt werden; wenn sie auf geschärften Verweis oder Suspension lauten, bedürfen sie seiner Bestätigung.

Disziplinarbeschlüsse der Tribunale erster Instanz bedürfen vor ihrer Vollziehung der Bestätigung des kompetenten Appellhofs, und werden in der Rathskammer gefaßt und die Sache verhandelt.

Der Justizminister ist befugt, Mitglieder der Erstinstanzgerichte und auch der Appellationsgerichte vor sich zu bescheiden, damit sie sich über die ihnen zu Last gelegten Thatsachen verantworten. Ist ein Richter auch nur einfach polizeilich bestraft worden, so muß der Justizminister hiervon in Kenntniß gesetzt werden, und dieser ist berechtigt den Cassationshof über Suspension oder Absetzung des fraglichen Richters entscheiden zu lassen.

Sobald ein Richter verhaftet wird, ist er vom Amte suspendirt; ebenso wenn er zuchtpolizeilich bestraft worden, selbst während der Dauer der Appellinstanz.

Die Amtskleidung der Richter ist:

a) Toga und Simarre (Oberkleid) von schwarzer Wolle, Gürtel desgleichen, Toque oder Barett ebenso mit schwarzem Sammt eingefaßt, Cravatte von gefältetem weißen Batist; — bei gewöhnlichen Sitzungen; — die Präsidenten und Vicepräsidenten haben am Barett einen Besatz von Silber.

b) Die Simarre und der Gürtel von Seide, erstere schwarz, letztere hellblau; silberne Bordüre an der Toque — bei feierlichen Sitzungen und öffentlichen Ceremonien; — die Präsidenten tragen dann doppelten silbernen Besatz.

Diese Amtskleidung ist durch das Gesetz vom 2. nivose Jahr XI festgesetzt und bis jetzt beibehalten worden.

Die Besoldungen bewegten sich je nach der Größe der Städte und Orte, in denen sie residiren, nach dem Gesetz vom 27. ventose Jahr VIII zwischen 2400 und 1000 Franken in Zwischenansätzen von 1800, 1500 und 1200 Franken. Die Präsidenten bekamen die Hälfte, die Vizepräsidenten ein Viertel als Zulage.

In neuerer Zeit — 1847 — wurde der Gehalt nicht unbedeutend erhöht, so daß sich derselbe zwischen 1800 Franken als Minimum und 7000 Franken, welche die Richter in Paris beziehen, bewegt. Die Präsidenten beziehen im Marimalsatze 18000 Franken, im Minimum 3000 Franken. Ihre Pensionen, die ein Gesetz vom 2. Oktober 1807 regulirt, sind gering.

Ueberhaupt ist man in Frankreich früher, auch vor der Revolution, von der Ansicht ausgegangen, daß die richterlichen Aemter hauptsächlich als Ehrenposten zu betrachten seyen und nur reiche Leute als Aspiranten auftreten dürften. — Ja, es wurde der Nachweis bestimmter Revenuen erfordert, selbst noch von den juges-auditeurs unter Napoleonischer Herrschaft, welche junge Leute waren, die man allmälig in die richterlichen Funktionen einschulte. Die Suppleanten oder Ergänzungsrichter sind unbesoldet und werden nur aushülfsweise beigezogen. Sie sind meistens dem Advokaten- und Anwaltsstande angehörig, oft auch junge Staatsdienstadspiranten oder Leute von Ansehen, die die Rechte absolvirt haben, aber nicht in den wirklichen Dienst eintreten wollen.

Schließlich ist noch zu bemerken, daß nach dem Defret vom April 1810 — Art. 64 — ein Mann volle 25 Jahre haben muß, um Richter oder Suppleant, 27 Jahre dagegen, um Präsident zu werden. Ueber den Dienst in der Sitzung und in den Rathskammern das Nähere in der Prozeßordnung; über die Ferien der Gerichts- und die sogenannten Ferienkammern halten wir es für geeignet noch in diesem Abschnitte das Nöthige unserm Leser vorzuführen:

Vom 1. September nämlich jeden Jahres bis zum 1. November, also zwei Monate hindurch, haben die Civilkammern der Tribunale Gerichtsferien. Zur Erledigung dringender Sachen wird jedoch eine Ferienkammer gebildet, welche wöchentlich zweimal öffentliche Sitzungen halten muß. Präsidenten, Vizepräsidenten, Richter, sowie die Mitglieder des öffentlichen Ministeriums wechseln von Jahr zu Jahr, so daß alle successive den Genuß der Ferien, so wie den Dienst in den Ferienkammern haben. Die Sitzungstage müssen öffentlich be-

kannt gemacht werden. Wie schon gesagt, kommen in denselben nur
die als dringend erklärten Sachen, und dann die summarischen zur
Erledigung. Was unter dringenden und unter summarischen Sachen zu verstehen ist, wird im Civilprozeßgesetzbuch näher erörtert
werden. Auf die Untersuchungsrichter, die Rathskammern und
Sitzungen in Straffachen finden jedoch diese Ferien keine Anwen-
dung, sondern für sie gilt der alte Rechtssatz: nullae feriae in cri-
minalibus.

Von den Appellationsgerichten.

Die Ueberzeugung, daß in den wichtigeren Civil- und Strafsachen, die Prüfung derselben durch mehr als einen Gerichtshof
im Interesse der Gerechtigkeit überhaupt wie in dem der Partheien
und zu ihrer Beruhigung, nothwendig sey, hat schon im ancien regime durch die Constituirung der Parlamente als Appellgerichte
von den Präsidiaur, Bailliages und Prevôts c. sich ausgesprochen,
und es ist daher sehr natürlich, daß sofort der Gesetzgeber von 1790
das Prinzip eines Instanzenzugs im Justiz- und Verwaltungswesen
aussprach. Aber in der Organisation der zweiten Justizinstanz hat
er es anfänglich verfehlt, denn statt eigene Gerichtshöfe mit stärkerer
Besetzung und von höherem Range, dessen Glieder also wenigstens
die Präsumtion höhern Alters, gereifterer Erfahrung, besserer
Kenntnisse und hervorragender Fähigkeiten für sich gehabt hätten, zu
schaffen, hat er, wie wir schon früher gesehen haben, die Erstinstanzgerichte sich wechselseitig als Appellationsgerichte untergeordnet. Das
Mangelhafte dieser Einrichtung, die sich aus Gründen der Spar-
samkeit in dem damaligen zerrütteten und bankrotten Frankreich, so
wie aus der republikanischen Thorheit die Gerichte alle einander
gleich, keines höher als das andere zu stellen, erklären läßt, bewog
den Gesetzgeber durch das Gesetz vom 27. ventose Jahr VIII. eigene Appellationsgerichte zu creiren, die dann durch die spätern Gesetze und kaiserliche Dekrete (namentlich das oft citirte Dekret vom
20. April 1810) ihre Vollendung erhielten.

Durch letzteres wurde die Benennung derselben „Appellgerichte,
Appelltribunale" umgewandelt in „kaiserliche Gerichtshöfe"; — die
Titel der Richter wurden gleichfalls erhöht, sie hießen von nun an

„kaiserliche Räthe, oder Räthe Seiner Majestät des Kaisers." —
Ebenso hatten sich die Parlamente „cours" von dem lateinischen
„curia" (Ort und Versammlung, wo Justiz gespendet wird) Höfe
genannt und ihre Glieder den Titel Räthe geführt. — Die Urtheile
der Appellhöfe genießen die Auszeichnung, wie die des Cassationshofes, arrets betitelt zu werden, während die der Friedens- und
Erstinstanzgerichte, wie wir gesehen haben, jugements heißen.

Der Gerichtssprengel der Appellhöfe erstreckt sich über zwei bis
vier Departemente. Ausnahmsweise, wegen der Natur der Ver-
hältnisse, ist der Appellhof von Ajaccio, jetzt Bastia, auf die Insel
Corsika, welche nur Ein Departement bildet, beschränkt. — Der
Appellhof von Paris dagegen bildet die zweite Instanz für sieben
Departemente. Nach ihm erscheint der von Rennes mit dem größten
Sprengel, mit 5 Departementen. Man war so viel als möglich
bemüht, den Städten, welche früher der Sitz von Parlamenten gewesen waren, Appellhöfe zu gewähren. *) Anfänglich waren 29
Appellhöfe constituirt, welche unter dem Kaiserthume auf 37 vermehrt wurden; es befanden sich welche zu Genua, Brüssel, Lüttich,
Trier, Rom, Florenz, Turin, im Haag; — Städte, die aus der
französischen Herrschaft durch den Pariser Frieden wieder heim oder
in andere Hände kehrten. Dermalen befinden sich im eigentlichen
Frankreiche 26 Appellhöfe, ferner einer auf Corsika, also 27, ohne
die, welche in dem neu annerirten Savoyen und Nizza errichtet
werden.

Der Appellhof für Corsika ist aus einem ersten Präsidenten,
zweiten Präsidenten und 16 Räthen componirt, die übrigen alle aus
einem Präsidenten, mehreren Kammerpräsidenten und wenigstens
16 Räthen; bis auf 34 Räthe ohne die Präsidenten ist indessen die
Zahl derselben an den bedeutenden Höfen firirt. — Jetzt besteht der
Personalstand des Appelhofs zu Paris aus: 1 Präsidenten, 6 Kammerpräsidenten, 59 Räthen und mehreren Ehren- oder Honorarräthen.

Die conseillers-auditeurs, welche als unbesoldete Räthe fungirten, bestehen heute nicht mehr. Seit der Juli-Revolution ist

---

*) Von den alten Parlamentsstädten sind mit Appellhöfen bedacht: Paris, Ren-
nes, Douai, Toulouse, Grenoble, Bordeaur, Dijon, Rouen, Air, Pau, Besançon, Nancy, Metz.

dieses Institut eingegangen. Es waren Advokaten, nach 2jähriger Praxis, die eine Revenue von 3000 Francs nachweisen konnten, welche man zu diesen Stellen nahm. Suppleanten gibt es an den Appellhöfen keine.

Jedem Appelhofe ist ein Generalprokurator mit Generaladvokaten und Substituten, ein Gerichtsschreiber en chef und eine Anzahl Untergerichtsschreiber nebst den nöthigen Huissiers beigegeben. — Am Pariser Appellhof befinden sich 1 Generalprokurator, 4 Generaladvokaten, 10 Substituten, 9 Gerichtsschreiber, 25 Huissiers und 4 Sekretäre des Generalprokurators.

Jeder Appellationsgerichtshof zerfällt mindestens in 3 Kammern, deren eine chambre civile die Civilsachen erledigt — hier sind zur Deliberation und Urtheilsfällung wenigstens 7 Räthe nothwendig — deren andere chambre correctionelle, sich mit der Erledigung der Appellationen in Zuchtpolizei- oder Vergehenssachen befaßt, — hier sind 5 Mitglieder nothwendig, um beschlußfähig zu machen — und deren dritte die Anklagekammer bildet, chambre de mise en accusation; auch in dieser Sektion müssen 5 Mitglieder des Hofes zugegen sein.

Die Kammerpräsidenten und die Räthe machen successive den Dienst in allen Kammern mit, und jedes Mitglied einer Kammer kann auch im Nothfall zum Dienste in eine andere Kammer gezogen werden. Neu ernannte Räthe werden zuerst in die Criminalkammern eingereiht. An Höfen die aus 30 Räthen bestehen, werden 2 Civilkammern, und bei solchen, die aus mehr als 30 Räthen componirt sind, drei Civilkammern gebildet.

Jeder Hof entwirft ein Dienstreglement, welches der Genehmigung des Justizministeriums unterworfen ist. Die Civilabtheilung hat Ferien und die Ferienkammer wird aus einem Präsidenten und 7 Räthen gebildet, die Criminalabtheilungen dagegen haben keine, wie es bei den Richtern der ersten Instanz der Fall ist.

Wenn es das Bedürfniß erfordert, so kann eine vorübergehende Civilkammer organisirt werden, auch kann, um bei weniger drängenden Umständen zu helfen, der Präsident die summarischen Sachen der correktionellen Appellkammer zuweisen. — Auf die Aburtheilung der summarischen Sachen muß übrigens jede Civilkammer eine Stunde wenigſtens von jeder Sitzung verwenden, und Sitzungen ſelbſt, das heißt öffentliche, alſo abgeſehen von den Rathskammerſitzungen muß wenigſtens e i n e wöchentlich abgehalten werden. In wichtigen Fällen findet auch ein Zuſammentreten, eine Vereinigung zweier oder dreier Kammern réunion des chambres ſtatt, was an Tribu⸗ nalen erſter Inſtanz nie geſchehen darf, weil ſonſt leicht in der 2. Inſtanz weniger Richter ſitzen könnten, als in der 1ten.

So geſtattet es der Artikel 3 des Dekrets vom 6ten Juli 1810, daß dem Auflageſenat bei ſehr verwickelten Criminalunterſuchungen noch eine andere Sektion auf Requiſition des Generalprokurators beigegeben werden darf; gewöhnlich iſt die correctionelle Kammer die verſtärkende Sektion. In Civilſachen hat die erſte Kammer abwechſelnd mit der zweiten Civilkammer, und bei den ſtärker beſetzten Höfen, mit der dritten Civilkammer die feierliche Sitzung zu bilden; wo vier Kammern organiſirt ſind, bilden die feierliche Sitzung die zwei Civilſektionen und wo nur drei Kammern ſind, wird die Correctionell⸗ kammer mit der Civilkammer bei ſolcher Gelegenheit vereinigt. Der I. Präſident präſidirt ſolche feierliche Sitzungen; die übrige Zeit hindurch die erſte, oder wo es nur e i n e gibt, die Civilkammer. In dieſen feierlichen Sitzungen werden entſchieden: Syndicatsklagen (prises à partie) gegen Friedens⸗, Handels⸗ und Erſtinſtanzgerichte, Prozeſſe über Standesfragen, das heißt über den Civilſtand der Bürger, und Sachen, die einem Appellhofe durch den Caſſationshof überwieſen worden ſind. Ebenſo werden die Appellräthe in ſolchen Sitzungen auf ihr Amt beeidigt, während der I. Präſident den Amtseid in die Hände des Kaiſers ablegt.

Eine Réunion ſämmtlicher Kammern findet alljährlich zu Anfang des neuen Juſtizjahres, am erſten Mittwoch eines jeden Novembers in der Rathskammer ſtatt. Der Generalprokurator oder deſſen Generaladvokat hält einen Vortrag über die Verwaltung der Juſtiz im verfloſſenen Jahr, hebt allenfallſige Mängel hervor und ſtellt Anträge, über welche der Hof berathſchlagt und Beſchlüſſe faßt, welche der Generalprokurator abſchriftlich mit ſeiner Rede und ſeinen Anträgen dem Juſtizminiſter zuſchickt. Auch ſtellt der Hof eine Liſte auf der Richter und Advokaten ſeines Sprengels, welche ſich durch Talent, Kenntniſſe, Fleiß und Charakter am meiſten auszeichnen.

4

Ebenso versammeln sich alle Kammern zu einer feierlichen öffentlichen Sitzung nach Ablauf der Ferien, worin der Generalprokurator oder einer seiner Generaladvokaten eine Rede über einen passenden Gegenstand der Justiz*) hält, der verstorbenen Richter und Advokaten gedenkt, und Antrag auf Beeidigung der anwesenden Advokaten nimmt, was dann durch den I. Präsidenten geschieht. „Die Justiz wird von den Appellationshöfen unumschränkt — souverainement — verwaltet", sagt der Artikel 7 des Gesetzes vom 20. April; das heißt: ihr Urtheil macht definitiv Recht, sie urtheilen in letzter Instanz und nur wegen einer ausdrücklichen Gesetzesverletzung kann Cassation dagegen eingelegt werden. Denn die Justiz in Frankreich hat nur 2 Instanzen und der Cassationshof kann nicht als 3te Instanz angesehen werden, da er nicht sur le fond erkennt, das heißt, nicht über die Hauptsache.

Wird das Urtheil eines Appellgerichts kassirt, so verweist der Cassationshof stets die Sache an einen andern Appellhof.

Die Competenz der Appellhöfe umfaßt folgende Rechtssachen:

I. Alle Berufungen, welche gegen die Urtheile der Erstinstanzgerichte, sie mögen als Civil-, Correktionell- oder Handelsgerichte gesprochen haben, oder die der Handelsgerichte, wo solche organisirt sind, gerichtet werden; — ferner die Berufungen gegen die schiedsrichterlichen Urtheile, gegen die Referatsurtheile der Präsidenten der Erstinstanzgerichte, gegen die disziplinarischen Urtheile; und früher gegen die Entscheidungen der Richter-Commissäre, gegen die Entscheidung geistlicher Behörden wegen Gewaltsüberschreitung (appels comme d'abus.)

II. Die Rehabilitirung fallirter Kaufleute.

III. Die Syndikatsklagen gegen Friedensrichter, Erstinstanz- und Handelsgerichte, gegen einzelne Mitglieder dieser Gerichte, so wie gegen Mitglieder eines Appell- oder Assissenhofs.

IV. Sie bilden die Anklagekammer.

V. Sie bilden den Assissenhof. **)

---

*) Discours de rentrée. — Antrittsrede.

**) Die Bildung der Assissenhöfe könnte hier allerdings besprochen werden, aber wir ziehen es vor die Materie über Assissenhöfe und überhaupt über Criminalhöfe in dem Strafprozeß zu behandeln.

Eine ihrer heiklichsten Funktionen wohl war die Entscheidung über die appels comme d'abus. Auch hierin sind sie direkte Nachfolger der Parlamente geworden, denen die Erkenntniß über solche in erster und letzter Instanz oblag. Der appel comme d'abus fand statt, wo geistliche Behörden zum Nachtheil der königlichen Souverainität ihre Jurisdiktion erweiterten, oder wenn die Freiheiten der gallikanischen Kirche verletzt, oder den Ordonnanzen der Könige oder den arrêts der Parlamente entgegen gehandelt wurde, auch gegen päbstliche Bullen und Breves. Aber auch gegen Uebergriffe in das geistliche Gebiet von Seite weltlicher Behörden war der appel zulässig. Das Gesetz vom August 1790 übertrug den Tribunalen die Entscheidung über den appel comme d'abus. Das organische Dekret vom 18. Germinal Jahr X über das Concorbat von 1801 setzt die Fälle des abus oder abusus also fest: Usurpation und Ueberschreitung der Gewalt, Zuwiderhandlung gegen die Gesetze und Verordnungen des Staats; Verletzung der Grundsätze der in Frankreich geltenden kanonischen Gesetze; Angriffe auf die Freiheiten der gallikanischen Kirche; kirchliche Handlungen, welche die Ehre oder das Gewissen der Bürger beeinträchtigen; aber nicht mehr den Justizbehörden, sondern der Administration, dem Staatsrathe wurde die Entscheidung über diese appels übergeben, was jedenfalls nicht sehr weise und zweckmäßig war. Daher kam auch später, aber etwas zu spät, Napoleon auf den Entschluß und theilte durch ein Dekret vom 25. März 1813 die appels comme d'abus den Appellhöfen wieder zu. Allein dieses Dekret wurde nirgends mehr vollzogen.

Die Besoldungen der Appellräthe richten sich ebenfalls wieder nach der Größe und Bedeutung der Städte, in welchen dieselben residiren. Sie bewegten sich früher zwischen 2000 und 4200 Franken in Zwischenansätzen von 2400, 3000, 3600 Franken. Den Präsidenten wurde die Hälfte, den Kammerpräsidenten ein Viertel als Zulage gegeben und ein kaiserliches Dekret vom 30. Januar 1811 hat die Gehalte dieser Chefs bedeutend erhöht.*)

---

*) Im Jahre 1847 wurden die Besoldungen also bestimmt: Räthe in Paris 10,000 Franken, sonst 4000 — 6000 Franken. Präsident in Paris 25,000

4*

Die Amtskleidung der Appellräthe besteht:

1) Bei den feierlichen Sitzungen und öffentlichen Ceremonien: aus einer Toga von rother Wolle, seidner Simarre, Gürtel von schwarzer Seide und solchen Franzen, herabfallende Cravatte von gefaltetem weißen Battist; Toque von schwarzem Sammt, unten mit einer seidenen, mit Gold durchwirkten Bordur. Der Präsident trägt diesen Besatz doppelt.

2) In der gewöhnlichen Sitzung: Toga von schwarzer Wolle, schwarzseidene Simarre, ebenso der Gürtel; Toque von schwarzer Seide, herabfallende Cravatte von gefaltetem weißen Battist. Der Präsident und die Kammerpräsidenten tragen einen Besatz an der Toque von schwarzem Sammt mit Gold.

Von den Handelsgerichten. *)

Wie wir in der Einleitung schon angeführt haben, erscheinen die Handelsgerichte schon ziemlich frühe in der innern Geschichte Frankreichs. Philipp von Valois organisirte durch lettres patentes vom Jahre 1349 solche Gerichte. In Lyon bestund 1535 ein Handelsgericht unter dem Titel „conservation de Lyon." Karl IX führte durch ein Edikt vom Jahre 1563 die jurisdiction consulaire zu Paris ein, die Jurisdiction der Handelsgerichte nämlich, und die Ordonnanz vom Jahr 1673 dehnte das Edikt auf alle tribunaux consulaires in Frankreich aus, und bestand dasselbe bis zum Jahre 1807, wo es abgeschafft und das jetzige Handelsgesetzbuch proklamirt wurde. — Der Grundsatz, dem die Bestimmungen des alten Regime bei Organisation und Zusammensetzung der Handelsgerichte gehuldigt hatten, dieselben nur aus Kaufleuten bestehen zu lassen, welche durch freie Wahl der Standesgenossen aus dem

---

Franken, sonst 20,000, 18,000 und 15,000. Die Kammerpräsidenten 6000 bis 9000 Franken, in Paris 12,500 Franken.

*) Die in ähnlicher Weise bestehenden conseils des prud' hommes, zu Gunsten und zur Hebung der Fabriken durch Napoleon, zuerst in Lyon 1806, eingeführt, deren es jetzt 80 gibt, finden ihre Behandlung im Handelsrecht.

Schooße des Standes hervorgegangen waren und nur kurze Zeit zu
fungiren hatten, wurde von dem Gesetzgeber der Jahre 1790 und
folgende seiner praktischen Bewährtheit halber beibehalten und es sind
die Mitglieder der Handelsgerichte, Präsidenten wie Richter, unbesoldet und ihre Stellen bloße Ehrenämter. (Art. 628 des Handelsgesetzbuchs). — Ein Amtskleid indessen, schwarze Toga und entsprechende Toque u. s. w. ähnlich wie das der Erstinstanzgerichte,
ist ihnen für öffentliche Ceremonien und Sitzungen angeordnet. —
Den Amtseid legen sie wie die übrigen Richter, vor den Appellhöfen ab.

Der Präsident und die Richter werden mittelst verschlossener
Zettel auf die Dauer von zwei Jahren gewählt. Letztere, die Richter müssen ein Alter von 30 Jahren, der Präsident ein solches von
40 Jahren haben. Auch Suppleautrichter gibt es an den Handelsgerichten, die ebenfalls 30 Jahre alt seyn müssen. Die Wahl Aller
geschieht gleichzeitig. Die Liste der Wähler wird aus der Zahl der
Notabeln des Handelsstandes eines Bezirks vom Präfekten verfertigt
und vom Minister genehmigt. — Als Vorbedingung zur passiven
Wahlfähigkeit wird außer dem Alter für die Richter und Suppleanten gefordert, daß sie fünf Jahre mit Ehre und Auszeichnung
Handlung treiben. Die Präsidenten dürfen nur aus der Zahl der
alten Handelsrichter gewählt werden. Der Monarch bestätigt die
Wahlen, außerdem ernennt die Regierung einen Gerichtsschreiber
und Gerichtsboten für ein jedes Handelsgericht. Bloß für die Stadt
Paris sind besondere Beamten, gardes du commerce angestellt,
welche die Urtheile zu vollstrecken haben, die persönlichen Arrest nach
sich ziehen. Die Zahl derselben beläuft sich auf 10.

Eigene Appellations-Handelsgerichte gibt es nicht; die Berufungen von den Handelsgerichten werden an den ordentlichen Appellhöfen angebracht und entschieden.

Die Regierung bestimmt die Anzahl der Handelsgerichte*) und
die Städte, welche wegen des Umfangs ihres Handels und ihres
Gewerbfleißes geeignet sind, der Sitz solcher zu werden. — Jedes

---

*) In den letzten Jahren belief sich ihre Anzahl auf 221 in ganz Frankreich;
während 170 Tribunale erster Instanz als Handelsgerichte fungirten.

Handelsgericht hat denselben Sprengel wie das Civilgericht, in dessen
Bezirk es errichtet ist; finden sich im Bezirk eines einzigen Civiltribunals mehrere Handelsgerichte vor, so werden ihnen besondere
Sprengel angewiesen. Jedes Handelsgericht besteht 1) aus einem
Präsidenten und wenigstens zwei, höchstens acht Richtern. Die Zahl
der Suppleanten hängt von dem Bedürfniß des Dienstes ab und
wird wie die der Richter durch die Regierung festgesetzt. 2) Aus
einem Gerichtsschreiber, und 3) aus einem oder mehreren Huissiers.
Gerichtsferien sind keine an den Handelsgerichten eingeführt.

An den Handelsgerichten sind keine Beamten des öffentlichen
Ministeriums angestellt; also haben an den Erstinstanzgerichten, wenn
sie wegen Mangel an Handelsgerichten in ihrem Reffort, als solche
sprechen, ebenfalls die Staatsprokuratoren und ihre Substituten nicht
zu fungiren.

Die Zuziehung der Anwälte, avoués, zu Amtsverrichtungen
vor Handelsgerichten ist nicht gestattet. Die Partheien müssen sich
selbst vertreten oder durch Bevollmächtigte erscheinen, die mit Spezialvollmacht versehen sind. Anwälte und Advokaten können nun
wohl als Spezialbevollmächtigte aufgestellt werden, aber ihr amtlicher
Charakter mit den Attributen, z. B. in Hinsicht auf die Kosten,
Ordonnanzirung derselben und sonstige Rechte, bleibt beseitigt. Und
so befinden sich dennoch viele Prozesse in den Händen der Advokaten
und Anwälte, ja an manchen Handelsgerichten genießen immer et-
liche Mitglieder des Advokaten- oder Anwaltskollegiums abusive
den Vorzug, unter dem Namen „agrées“ beeidigt und speziell zur
Vertretung der Handelsprozesse gewissermaßen vom Gerichte den
Partheien designirt zu werden. Endlich gehören die Handelsgerichte
zu den Attributionen des Justizministers und stehen unter seiner
Aufsicht.

Die Competenz der Handelsgerichte ist gesetzlich also festgesetzt:

Sie erkennen in erster und letzter Instanz über alle Klagen,
deren Hauptsumme nicht den Werth von Eintausend Franken übersteigt; so wie über diejenigen Klagen, wobei die Parteien durch
Prorogation die Gerichte ermächtigt haben, in letzter Instanz zu
sprechen, resp. also auf die Berufung von vorneherein durch

Compromiß verzichtet haben. Sie erkennen, was die Materie anbetrifft:

1) über alle Streitigkeiten, die sich auf Verbindlichkeiten und Verträge zwischen Handelsleuten, Kaufleuten und Bankiers beziehen;

2) über Streitigkeiten, die sich auf Handelsgeschäfte beziehen, die Parteien mögen Handelsleute seyn oder nicht;

3) über Klagen, die gegen Handelsvorsteher, Kaufmannsdiener, Commis angestellt werden, jedoch blos in Beziehung auf dasjenige, womit der Kaufmann, in dessen Diensten sie sind, Handlung treibt;

4) über Wechsel und Billets, die von öffentlichen Beamten der Finanzen ausgestellt sind;

5) über die Hinterlegung der Bilanz und der Handelsbücher eines fallirten Kaufmanns und über die Untersuchung und Affirmation der Forderungen;

6) über Oppositionen gegen den zwischen dem Falliten und den Gläubigern abgeschlossenen Vertrag;

7) über die gerichtliche Bestätigung solcher Verträge;

8) über die vom Falliten geschehene cessio bonorum, Güterabtretung.

Unter Handelsgeschäften aber versteht das Gesetz: jedes Wechsel-, Bank- und Mäklergeschäft; jede Operation öffentlicher Banken, Wechselbriefe und Rimessen jeder Art; jede Verbindlichkeit unter Bankiers, Handelsleuten und Kaufleuten; jede Unternehmung von Manufacturen, von Commissionsgeschäften, von Versendung oder Spedition zu Wasser und zu Land; jede Unternehmung von Lieferungen, von Agentschaften, Geschäftsbureaur, Lizitationsanstalten und öffentlichen Schauspielen; jeden Ankauf von Lebensmitteln und sonstigen Waaren, um sie entweder im Naturzustande oder verarbeitet wieder zu verkaufen; ferner jede Unternehmung eines Schiffsbaues, alle Käufe und Verkäufe von Schiffen, alle Seerexpeditionen; alle Käufe und Verkäufe von Takelwerk, Schiffs-Geräth und Proviant; jede Miethung oder Befrachtung eines Schiffes, jedes Anlehen auf Bodmerei, alle See-Assekuranzen, alle Verträge über Besoldung und Lohn der Schiffsmannschaft, alle Verbindlichkeiten von Seeleuten zum Dienste eines Kauffartheischiffes.

Das Institut der Handelsgerichte hat sich glänzend bewährt und die Absichten der alten und neuen Gesetzgeber vollständig realisirt. Der Credit, der rasche und sichere Verkehr des Handels, und dadurch dieser selbst ist unendlich dadurch gefördert worden und die Befürchtung von rechtsgelehrter Seite (die sich überall unentbehrlich glaubt), daß Personen, die nicht Juristen ex professo sind, sich als richterliche Beamten nicht zurechtfinden würden, ist durch die Erfahrung dahin zurückgewiesen worden, daß die Urtheile von Handelspersonen weit weniger in der Berufungsinstanz reformirt werden, als die von Erstinstanzgerichten, wenn sie als Handelsgerichte sprechen. Wir denken auch, daß das sehr erklärlich ist, denn ein Handelsmann, der sein Geschäft versteht, taugt besser zur Beurtheilung dieser seiner Geschäfte als ein Jurist.

Vom Cassationsgericht oder Cassationshof.

Die Idee, einen Gerichtshof oder eine Behörde zu constituiren, an welche man die Berufung gegen Urtheile, die selbst in letzter Instanz ergangen, wegen Rechtsirrthum oder offenbarer Verletzung der Gesetze, bringen konnte, hatte schon in der alten Monarchie durch die Creirung einer eigenen Cassationsinstanz ihren Ausdruck gefunden. Diese Instanz war aber höchst unvollkommen, denn entweder war der Cassationsrichter der König selbst oder er ließ kraft eines lettre de gráce dem Parlament unter seinem Vorsitz die Sache von neuem vortragen und durch es entscheiden. Diese Verfügungen sind zuerst in den Etablissements de St. Louis und dann in der Ordonnanz vom 23. März 1302 enthalten. Aber nirgends waren die Fälle präcisirt, in welchen ein Recurs zur Cassation stattfinden konnte, und es wurde daher durch die Hofleute ein wahrer Handel mit den lettres de gráce getrieben.

Geld, politischer Einfluß, Schönheit konnte sich dieselben nach Bedürfniß verschaffen. Deßhalb verbot Philipp von Valois auf eine Remonstration des Parlaments gegen diese Mißbräuche die lettres de graçe und befahl durch eine Ordonnanz vom Dezember 1344, daß Niemand zukünftig die arréts der Parlamente anfechten solle, ohne in einer Bittschrift an den König die Irrthümer nahmhaft gemacht zu haben. Diese Irrthümer sollten durch den conseil des

Königs geprüft, und wenn richtig befunden, die Sache von dem Parlamente auf's Neue unter Zuziehung königlicher Abgeordneten geprüft
und entschieden werden. Interlocutorische Urtheile durften indessen
nicht Gegenstand des Rekurses seyn und den Succumbenten wurden
Geldstrafen fixirt.

Ludwig XI. fand es nicht für gerathen, die Parlamente, die
ihm ohnehin schon zu mächtig waren, über die Cassationsrekurse entscheiden zu lassen und maßte sich die künftige Entscheidung über solche
unmittelbar selbst an, indem er sie vor seinen Grand conseil*)
— Staatsrath — verwies, und diesen erkennen ließ, wie er es ihm
vorschrieb. Jetzt und nach ihm hatte die Hofwirthschaft wieder
freies Spiel in dieser Sache, und das Recht lag in den Händen
der Hofschranzen, der Minister und der Maitressen, bis der Kanzler
Olivier durch eine königliche Ordonnanz vom Jahre 1579 gegen diese
Mißbräuche in der Weise einwirkte, daß nun künftig die arrêts weder
kassirt noch eingezogen werden konnten, als im Wege Rechtens,
1) durch die restitutio in integrum oder die requéte civile,
2) wegen Gesetzesverletzung, und 3) durch die Nachweisung eines
faktischen Irrthums von Seiten des Parlaments. Wegen Gesetzesverletzung sollte der Grand conseil, über die beiden andern Rechtsmittel das Parlament erkennen.

So verblieb es nun bis zur Erscheinung der ordonnance civile
von 1667, welche die Civilprozeßordnung festsetzte, die bis zum napoleonischen code de procedure civile bestand und die Hauptgrund-
lage desselben ist. Diese Ordonnanz führte zwei wesentliche Verbesserungen ein, die eine dadurch, daß der Rekurs wegen faktischen
Irrthums untersagt wurde, ein Rechtsmittel, welches man auf die
muthwilligste Weise zur Verewigung der Prozesse mißbrauchte, und
die zweite durch die Präzision der Fälle, in welchen die requéte
civile angewendet werden durfte; der Staatsrath aber, was keine
Verbesserung war, wurde mit der Funktion des Cassationsgerichts
betraut, denn die abhängige Stellung der Staatsräthe garantirte keine
unparteiische Rechtspendung.

---

*) Die Abtheilung des Staatsrathes, welche die Cassationsinstanz bildete, hieß
conseil des parties.

Eine Prozeßordnung für den Cassationsrekurs wurde dann, sehr ausführlich, durch ein Dekret vom 1. Juni 1738 erlassen, die theilweise noch jetzt für den Pariser Cassationshof maßgebend ist.

Das Gesetz vom 27. November bis 1. Dezember 1790 dekretirte ein von Richtern gebildetes eigenes Cassationsgericht, dessen Zweck seyn sollte:

„Die monarchische Einheit zu erhalten; alle politische Theile des „Staates zu verbinden, die Einheit der Gesetzgebung zu bewahren; „die Verschiedenheit der Jurisprudenz zu verhindern; der Wächter „des Eigenthums, der Mittelpunkt der gerichtlichen Gewalt, das „Bindungsmittel der Appellationsgerichte und die letzte Zuflucht der „Unschuld zu seyn."

Ein Dekret vom 4. Germinal II. zählt die Fälle auf, worin Civilurtheile kassirt werden müssen und können. Wie die übrigen Richter waren auch die Cassationsrichter zuerst wählbar; wie die übrigen Gerichte tribunal d'arrondissement, tribunal d'appel betitelt wurden, so wurde auch tribunal de cassation als offizieller Name für die Cassationsinstanz gewählt; aber ebenso wurde durch die spätere Gesetzgebung die Wählbarkeit der Cassationsrichter zuerst dem Senat, dann das Ernennungsrecht dem Kaiser zugestanden, welcher durch das Gesetz vom 28. Floréal Jahr XII. die Benennung tribunal beseitigte und dafür „cour de cassation" einführte, ihre Urtheile von nun an nicht mehr jugements, sondern arrêts, und die Mitglieder Räthe statt Richter betitelte.

Nach dem Gesetze vom 27. Ventose Jahr VIII. — Artikel 58 bis 91 inclusive, Titel V. — wird der Cassationshof aus 48 Richtern — die Präsidenten mitbegriffen — gebildet, denen beigegeben ist ein Generalprokurator, 6 Substituten, ein Obergerichtsschreiber, 4 Gerichtsschreiber und 8 Gerichtsvollzieher. Die Mitglieder des Cassationshofs legen den Amtseid in die Hände des Kaisers ab.

Der Cassationshof hat in Paris seinen Sitz. Aus den ausgezeichnetsten Mitgliedern der Appellhöfe rekrutirt er sich; das Alter, das zum Eintritt in denselben nothwendig ist, hat das Gesetz auf 30 Jahre firirt. Mit erreichtem 75. Jahre treten die Räthe in den Ruhestand.*)

---

*) Richter und Appellräthe mit dem 70. Jahre. — Mit dem 70. und resp. 75. Jahre erlischt also die Inamovibilität der französischen Richter.

Die Besoldung des 1. Präsidenten*) beläuft sich auf 30,000 Franken, die der Kammerpräsidenten auf 18,000, der Räthe auf 15,000 Franken. (Ordonnanz vom 7. November 1837.) — Der Cassationshof bietet in seinen vereinigten Sitzungen einen äußerst würdevollen und großartigen Anblick dar, da die feierliche Amtskleidung, welche ihm beigelegt ist, an eine Versammlung von Fürsten aus alter Zeit erinnert. Die Räthe tragen eine Toga von rother Wolle, eine Toque (Hut) von schwarzem Sammt mit einem Gold-gürtel besetzt. Eine weiße Bordüre an der Toga und zwei Gold-gürtel an der Toque, sowie die Epitoge (Oberkleid), ein über die Schultern hängendes Band zeichnet die Präsidenten und Kammer-präsidenten aus.**) (Beschluß vom 20. Vendemiaire XI. und Dekret vom 4. Juni 1806.)

Der Cassationshof zerfällt in 3 Kammern, nämlich in die chambre des requétes (Kammer der Bittschriften, das heißt der eingereichten Cassationsgesuche), in die chambre civile, welche sich mit der Be-urtheilung der Cassationsgesuche in Civilsachen und in die chambre criminelle, welche sich mit den Strafsachen befaßt. — Die chambre des requétes erkennt nur über Cassationsgesuche in Civilsachen und zwar zuerst; wird das Cassationsmittel zulässig gefunden, so verweist diese Kammer die Sache sofort an die chambre civile. — Gesuche in Strafsachen kommen sogleich an die chambre criminelle, ohne vorher erst die Requetenkammer passiren zu müssen. Jede Kammer zählt 16 Mitglieder und einen der Präsidenten. Bei sämmtlichen Verhandlungen aber müssen stets 11 Mitglieder zugegen seyn.

Alle 3 Kammern versammeln sich in gesetzlich bestimmten Fällen, welche weiter unten vorgetragen werden, in feierlicher Sitzung, audiençe solenelle, welcher der erste Präsident vorsitzt, oder auch unter dem Präsidium des Justizministers.***) Das Präsidium des

---

*) Unter Napoleon I. auf 60,000 Franken.

**) Das Costüme in gewöhnlichen Sitzungen ist schwarze Toga aus Seide, Toque von schwarzer Seide, rother Gürtel mit Goldquasten und weiße Battisthals-binde. Die Präsidenten und Vicepräsidenten haben einen goldenen Besatz an der Toga.

***) Der Napoleonische Justizminister war der höchste Richter des Reichs und führte als solcher den Titel grand Juge, Großrichter = Justizminister. Er präsi-

letztern ist indessen jetzt auf die Fälle beschränkt, in welchen der Cassationshof als oberste Disziplinarbehörde erkennt.

Die zwei Civilkammern haben ebenfalls Gerichtsferien; die Criminalkammer dagegen, wie bei den Höfen und Tribunalen, keine und beurtheilen dann als Ferienkammer auch die dringlichen Civilsachen.

Am Cassationshof sind 60 Advokaten accreditirt, welche das alleinige Recht der Stellvertretung bei demselben in Anspruch nehmen, während sie mit den übrigen Advokaten vor allen Gerichten des Reichs concurriren können. Hier ist der Unterschied zwischen Anwälte, avoués, und Advokaten, avocats, nicht durchgeführt.

Die Competenz des Cassationshofes in Civilsachen beschränkt sich auf folgende 3 Fälle:

I. Er kassirt die gerichtlichen Urtheile, welche auf einer Verletzung der Gesetze beruhen und weist die betreffenden Rechtsstreitigkeiten an ein anderes Gericht zur nochmaligen Beurtheilung.

II. Er beseitigt Störungen, die in dem Gange der Justizpflege eintreten und deren Beseitigung durch die übrigen Gerichte nicht geschehen kann, und

III. Er übt die oberste Disziplinargewalt aus.

In Beziehung auf Nummer I. ist zu bemerken, daß der Cassationshof angerufen werden kann, wenn das anzugreifende Urtheil eine ausdrückliche Gesetzesverletzung enthält, oder wenn wesentliche unter Strafe der Nullität — Nichtigkeit — vorgeschriebene Formen verletzt werden; oder wenn mehrere in derselben Sache, zwischen denselben Parteien, von verschiedenen oder demselben Gerichte, auf dieselbe Motivirung hin erlassene Urtheile in offenbarem Widerspruche zu einander stehen; oder wegen Inkompetenz und Ueberschreitung der gesetzlichen amtlichen Schranken. (Incompétence und excès de pouvoir.)

_____

dirte den Cassationshof und die Appellhöfe, wenn die Staatsregierung es für angemessen hielt. Ihm war im Senat und im Staatsrath ein ausgezeichneter Platz vorbehalten. Auch stund ihm das Aufsichts- und Zurechtweisungsrecht über die Gerichte erster Instanz und ihre Mitglieder, sowie über die Friedensrichter zu. Unter seinem Präsidium disziplinirte der Cassationshof die Mitglieder der Appellhöfe. Obige Bestimmungen bilden die Artikel 78, 79, 80, 81, 82. Titel IX. des Senatusconsults vom 16. Thermidor Jahr X.

In Beziehung auf Nummer II. Unter diesen Störungen sind die Fälle zu verstehen, wenn ein Appellhof in Folge erkrankter, verstorbener oder refusirter Räthe nicht mehr hinlänglich componirt ist; oder wenn der ganze Appellhof aus bestimmten Gründen als parteilich angesehen wird; oder wenn zwischen mehreren Gerichten, die nicht dem Sprengel eines und desselben Erstinstanzgerichtes oder Appellhofes angehören, negativer oder positiver Competenzconflikt entsteht; oder wenn die Verhandlung einer Sache vor dem competenten Gerichte die öffentliche Sicherheit gefährden könnte.

Die unter Nummer III. ihm attribuirte Gewalt übt er auch im Falle Verbrechen von einem Mitgliede eines kaiserlichen Gerichtshofs oder des Cassationshofs, oder von einem ganzen Gerichte, bei Ansübung seiner amtlichen Funktionen begangen werden.

In Criminalsachen bedingt die Verletzung der Gesetze, die Nichtbeobachtung der unter Strafe der Nichtigkeit vorgeschriebenen Formen, sowie die Versagung eines Rechts, das dem Beschuldigten oder dem öffentlichen Ministerium zusteht, die Cassation.

In feierlicher Sitzung versammelt sich der Cassationshof, wie schon oben bemerkt, gewöhnlich unter dem Präsidium des Justizministers bei Disciplinarsitzungen, wegen schwerer Fälle*); ohne den Justizminister, wenn eine Sache zum zweiten Mal an den Cassationshof kömmt. Alsdann wird eine Entscheidung in rechtsverbindlicher Weise für das Gericht erlassen, an welches die Sache zum dritten Mal verwiesen wird.

Ueber die Natur des Cassationsmittels ist noch zu bemerken, daß dasselbe ein außerordentliches Rechtsmittel, daher nur dann zulässig ist, wenn kein anderes mehr platzgreiflich ist und daß es keinen Suspensiveffect hat.

Eine Summe von 300 oder 450 Francs muß deponirt werden vor Verhandlung der Sache als Buße im Unterliegungsfalle zu Gunsten des Staates und einer Schadenersatzsumme zu Gunsten des Gegners.

Sowohl die Parteien können in den gesetzlich bestimmten Fällen

---

*) Wenn der betreffende Beamte mit der höchsten Strafe, der Amtsentsetzung (Déchéance) beahndet werden soll. — Dekret vom 1. März 1852.

den Cassationsrekurs ergreifen, als auch im Interesse des Gesetzes das öffentliche Ministerium, dieses sogar nach Ablauf der gesetzlichen Frist. Es ist eine Pflicht, nicht allein ein Recht dieser Behörde und sie kann durch ihren obersten Chef, den Generalprokurator am Cassationshof oder den Justizminister dazu befehligt werden. Auch dieses große Institut hat, wenige Momente seiner Existenz ausgenommen, den hohen Erwartungen, welche man bei seiner Creirung von Seiten des Gesetzgebers hegte, glänzend entsprochen und hat sich oft als der Schutz gegen Despotismus und Pöbelherrschaft als die Stütze der Freiheit und der Ordnung bewährt. Es bewahrte durch seine Erlasse — arréts — die Rechts-Einheit im Lande und übte so einen wunderbaren Einfluß auf den geregelten und ruhigen Gang der Justizpflege aus. Mit Freuden durchliest der Sachverständige die Jahresbücher ihrer Urtheile, denn ein großer Theil derselben zeichnet sich durch kritischen Scharfsinn und herrliche, präcise Redaction aus. Wohl dem Lande, das sich eines so vorzüglichen Institutes zu erfreuen hat!*)

B. Das öffentliche Ministerium.

Mit den Verordnungen, durch welche Paris zur bleibenden Residenz eines Parlaments für Frankreich bestimmt wurde, wurde zugleich das Institut des öffentlichen Ministeriums, oder wie wir heute in Deutschland sagen, der Staatsanwaltschaft, in klarer und präciser Weise begründet und geschaffen. Alles Vorhergehende in dieser Beziehung, was man organisirt hatte, waren nur sehr dürftige und unvollkommene Annäherungen an die große Idee dieses erhabenen Instituts. Karl der Große hatte die Ahnung eines solchen, wie aus seinen Capitularien hervorgeht, aber auch weiter nichts.

---

*) Die Literatur über Gerichte und Richteramt, so wie über öffentliches Ministerium ꝛc. findet sich in den schon citirten zu Ende der Einleitung genannten Werken über Rechtsgeschichte und Organisation theils in allgemeiner, theils in spezieller Behandlung.

Schon zu jener Zeit der Parlamente sah man die Beamten des Instituts als berufen an, „die Wahrer zu seyn der Interessen des „Fürsten und des Volkes, der Schutz der Gerechtigkeit und der Un-„schuld, die Erhalter der Gesetze."

Dieselbe hohe Idee hegte der Gesetzgeber vom Jahre 1790 über das öffentliche Ministerium, das er beibehielt und ihm dieselbe wichtige Stellung wie unter dem ançien regime anwies. Unter den Königen nannte man diese Klasse von Beamten gens du roi, die Leute des Königs, und sie zerfielen, nachdem das Königthum sehr rasch ihre Nützlichkeit herausgefunden und sie auch den Untergerichten zugetheilt hatte, in zwei Klassen. Die erste war an den Parlamenten angestellt, der Chef derselben hieß procureur general und verwaltete sein Amt schriftlich; der ihm untergebene Kolleg hieß avocat general und führte seine Funktionen in den Sitzungen durch mündlichen Vortrag aus.

Die zweite Klasse befand sich an den Präsidiaur, Bailliages, Prevots und Sennechausee's, deren wir alle in der Einleitung erwähnt haben und zwar in derselben Organisation, wie ihre Kollegen an den Parlamenten. Der Chef und schriftliche Arbeiter hieß procureur du roi, sein Kollege, der in den Sitzungen plädirte, avocat du roi. Auch gens du parquet wurden sie genannt, welcher Name sich bis heute erhalten hat und womit man sowohl die Amts-zimmer der Staatsanwaltschaft als auch das gesammte Personal derselben an einem Gerichtshof oder im ganzen Reiche zu bezeichnen pflegt; so sagt man: das Parket von Frankreich, oder: das ganze Parket am Appellhof zu Paris war der Ansicht u. s. w.

Um den Zweck der Creirung des Instituts zu erreichen, war es natürlich nothwendig, den Beamten desselben sehr gewichtige und tief eingreifende Attribute zu verleihen und sie so zu hoher Bedeutung zu bringen. Ohne Zweifel sehr lobens- und anerkennenswerth, aber auch sehr gefährlich und dieß ist eine Schattenseite desselben, namentlich in Frankreich. Für einen ehrgeizigen Charafter ist der Boden des Parkets ein sehr glatter und leicht zum Sturze führender. Man hat die hohe Bedeutung und Attribution der Staatsprokuratur sehr häufig mißbraucht und nebenbei ein politisches Amt daraus gemacht. Wozu das Alles führen kann, zumal die Staatsprokura-

toren*) wie die übrigen administrativen Beamten, ohne alle Entschädigung und Pension beliebig abgesetzt werden können, liegt am
Tage. Bei jedem System-, bei jedem Ministerwechsel (was letztere noch ärger ist) finden wir in den französischen Regierungsblät-
tern eine Masse Absetzungen und neue Ernennungen im Personal
des Parkets.

In der alten Monarchie war ihr Amt erblich und verkäuflich, und so hatten sie einen gewissen Schutz gegen willkührliche Absetzung, obwohl dieselbe dem Könige zustand, indem mit der Absetzung ihnen das Amt abgelöst oder abgekauft werden mußte.

Die republikanische Gesetzgebung nannte sie commissaires du
gouvernement, und diejenigen unter ihnen, welche in Criminalsachen fungirten „accusateurs publics" öffentliche Ankläger,
welcher Titel durch die Constitution vom 22. Frimaire VIII. beseitigt
wurde, indem man die Funktionen derselben dem commissaire du
gouvernement übertrug. Napoleon erhöhte sie in Titel und Gewalt, wie er es bei den Gerichten gethan, und sie hießen von nun
an wieder General-Prokurator, procureur géneral am Cassationshof und an den Appellhöfen, procureur imperial an den Erstinstanzgerichten.

Die hierarische Gliederung der Staatsanwaltschaft in Frankreich
ist folgende: An den Erstinstanzgerichten ist ein procureur imperial
(oder, nach Umständen, du roi) angestellt mit einem oder mehreren
Substituten.

An den Appellhöfen ein procureur géneral mit mehrern Substituten, deren einer den Titel avocat géneral führt, und gewöhnlich in den Civilsitzungen das Wort führt, plädirt. Der Generalprokurator steht über allen Staatsprokuratoren des Sprengels des
Appellhofs, bei welchem er angestellt ist, sowie über ihren Substituten. Er hat das Beaufsichtigungs- und Zurechtweisungsrecht
über alle Parketbeamten seines Sprengels.

Aber über den Generalprokuratoren der Appellhöfe, so wie den

---

*) Er sollte eben ein gerichtlicher Beamte und den Richtern in Beziehung auf
Inamovibilität gleichgestellt seyn; aber aus politischen Rücksichten muß er wi-
der den Geist seiner Funktionen, Administrator oder politischer Beamte seyn.

Staatsprokuratoren an den Erstinstanzgerichten mit allen ihren Substituten und Generaladvokaten steht der Generalprokurator des Cassationshofs, als dessen Substitute alle Parketbeamten des Reiches
angesehen werden. *) Und so wie der Justizminister der erste
Richter des Reiches ist, so ist er auch an die Spitze der staatsan-
waltschaftlichen Hierarchie gestellt, die von ihm Anträge ausführen
und Verweise annehmen muß.

Die Disziplinirung des Parketbeamten steht den höhern zu, so
daß das Gericht oder der Präsident weder in öffentlicher Sitzung noch
in geheimer oder sonst wo einen Staatsanwalt zurechtweisen, das
heißt, diszipliniren darf. Daß aber diese Sache cum gremio
salis verstanden werden muß, und daß der Präsident, dem die
Sitzungspolizei zusteht, nicht Ungebührlichkeiten von Seiten des Parkets gegen Gericht, Vertheidiger, oder Publikum dulden darf, versteht sich von' selbst. Er kann dem Staatsanwalt, wie den Advokaten und Vertheidigern, so wie den Parteien, das Wort entziehen, wenn das Gericht sich für gehörig instruirt erachtet, und
kann die Sitzung aufheben bei groben Verstößen des Staatsan-
waltes und hierüber Protokoll errichten lassen, was dem Justizminister, so wie den betreffenden Generalprokuratoren an dem Appellhofe und dem Cassationshof zur Disziplinirung des Schul-
digen übermittelt wird.

Die Amtskleider und die Gehälter dieser Beamten sind dieselben
wie die der Kollegialrichter an den entsprechenden Gerichten, so daß
Präsident oder Kammerpräsident und Generalprokurator, Appellrath
und avocat général oder Substitut des Generalprokurators, Präsident und Staatsprokurator, Richter und Substitut gleich gestellt sind.

---

*) Das öffentliche Ministerium in Frankreich ist zu einer Uniformität gebildet und zu
einer Solidarität verpflichtet, wie kein anderes Institut der Art in der Welt
mehr. Namentlich kann das englische Institut gar nicht damit verglichen werden,
denn dort ist dasselbe unabhängig gestellt und seine Beamten haben nicht durch
rhetorische Siege — oft auf Kosten der Wahrheit und materiellen Gerechtigkeit — über die Vertheidiger zu glänzen, sondern die Wahrheit und das Recht
zu ermitteln, und so wahren sie dieses und jene nach zwei Seiten hin, Verfolgung und Vertheidigung.

Ein Generalprokurator soll 30 Jahre, sein Substitut 25 Jahre, ein Staatsprokurator 25 Jahre und dessen Substitut 22 Jahre alt seyn, um diese Aemter erhalten zu können. Aber bei diesen wie bei den Richtern hat sich der Kaiser ein Dispensationsrecht vorbehalten.

Außer den Kenntnissen, die man vom Richterpersonale*) verlangt, wird von den Parketbeamten ein gewandter, fließender Vortrag gefordert und rasche Fassungskraft, um hinter den Advokaten in öffentlichen Sitzungsdienst nicht zurückzubleiben und zur Stelle replizieren oder widerlegen zu können.

Was nun den Wirkungskreis der Staatsanwälte in ihrem Amte betrifft, so ist derselbe ein zwiefacher, im Civil- und im Kriminaldienst nämlich. Indem sie das Organisationsgesetz zu Wächtern des Rechts und der Ordnung gemacht hat, attribuirt sie denselben die Beiwohnung aller öffentlichen Civil- und Strafsitzungen, um durch Beobachtung und Stellung von Anträgen den Rechtsgang zu schützen und zu wahren. Ihre Gegenwart ist bei Strafe der Nichtigkeit vorgeschrieben, während bei den Handelsgerichten dieselben nicht zu erscheinen haben. In Civilsachen aber erscheinen sie in doppelter Gestalt:

als Hauptpartei nämlich, um über die Interessen der Abwesenden zu wachen, um von Amtswegen auf die Auflösung rechtlich ungültiger Ehen anzutragen; um die Interdiktion eines Rasenden zu betreiben, wenn keine Kläger sonst vorhanden sind; um Civilstandsbeamte (Bürgermeister und Adjunkte) wegen Gesetzwidrigkeiten in Führung der Civilstandsregister zu verfolgen; um gegen Notare, Anwälte und Gerichtsboten wegen Pflichtwidrigkeit auf Disziplinarstrafen Antrag zu stellen; um die Ernennung eines Vormunds zu bewirken bei Fideikommissen zu Gunsten von Enkeln, falls die Fideikommissare keinen ernannt haben; um die Rechte des Fiskus zu vertreten, daferne derselbe es nicht vorzieht, sich durch einen Anwalt vertreten zu lassen, indem in letzterer Beziehung die Staats-

---

*) Die Civilprozeßordnung ordnet in ihrem 34sten Artikel an, daß bei Verhinderung des Parketpersonals ein Richter als Staatsprokurator fungiren soll. Also auch von einem solchen wird eine gewisse Gewandtheit im mündlichen Vortrage vorausgesetzt, welche ihm übrigens auch bei Referaten in öffentlicher Sitzung z. B. bei Rectificationen von Civilstandsurkunden, zu statten kömmt.

anwaltſchaft durchaus nicht gerade die Vertreterin des Fiskus ſeyn muß.

Als Nebenpartei, und das iſt eigentlich ihre ordentliche Stellung, während die als Hauptpartei aufzutreten, mehr für eine exceptionelle anzuſehen iſt, muß ſie gehört werden und Anträge ſtellen:

In allen Sachen, welche die öffentliche Ordnung, den Staat, die Domänen *), die Gemeinden, öffentlichen Anſtalten (Kirchen, Kirchenfabriken, Spitäler, Stiftungen ꝛc.) betreffen;

in allen Rechtsſachen, welche den Civilſtand und Vormundſchaften betreffen; in allen Sachen, wo es ſich um Competenz, Competenzconflifte, Recuſationen von Richtern oder ganzen Gerichten, um Syndikatsklagen handelt;

in den Angelegenheiten verheiratheter Frauen, wenn ſie von ihren Männern nicht zur Erſcheinung vor Gericht antoriſirt ſind, oder wenn es ſich von ihrem Brautſchatze handelt, wenn ſie nach Detailrechten ſich verheirathet haben;

in allen Sachen, wo Minderjährige, durch Curatoren vertretene oder vermuthlich abweſende Perſonen betheiligt ſind. Alle die hiebei erwachſenen Prozeßſchriften müſſen dem öffentlichen Miniſterium vor der Sitzung in gehöriger Zeit, damit ſie durchgeprüft werden können, mitgetheilt (communicirt) werden.

In allen übrigen civilrechtlichen Streitigkeiten kann, wenn ſie es für gemeſſen hält, die Staatsanwaltſchaft Anträge ſtellen und begehren, gehört zu werden.

Alle Anträge der Staatsbehörde müſſen in dem Urtheile erwähnt werden. Auch kann der Beamte derſelben, wie ein Richter, in Civilſachen refuſirt oder abgelehnt werden.

In Kriminalſachen hat die Staatsbehörde im Namen des Staates alle geſetzlich ſtrafbaren Handlungen von Amtswegen zu verfolgen; ſie iſt der öffentliche Ankläger. Die Unterſuchung wird von ihr geleitet durch Anträge an den Unterſuchungsrichter und

---

*) Wie wir gerade oben geſehen haben, tritt ſie als Hauptpartei, partie principale — nur bei Mangel der Aufſtellung eines Vertreters für den Fiskus auf; als Nebenpartei — partie jointe — aber muß ſie hiefür amtiren.

die Rathskammer. Sie steht an der Spitze der Beamten der gerichtlichen Polizei und diese haben daher alle Deunnciationen und
Anzeigen vorgekommener gesetzwidriger und strafrechtlich verfolgbarer
Handlungen ihr zu übermitteln und Aufträge von ihr zu empfangen
und auszuführen. Ihr steht die Ergreifung der Rechtsmittel gegen
richterliche Urtheile, Bescheide und Ordonnanzen zu, und endlich der
Vollzug der Strafen und resp. die Ueberwachung derselben.

Die Correspondenz mit den übrigen Behörden ruht fast ganz
in den Händen der Staatsbehörde und ist eines ihrer lästigsten aber
doch wichtigen Attribute. Ihr steht ferner das Aufsichtsrecht zu
über alle Beamten der gerichtlichen Polizei (Friedensrichter, Untersuchungsrichter, Offiziere und Manuschaft der Gendarmerie, Bürgermeister, Adjunkte, Polizeidiener, Feld- und Waldschützen), so wie über
die ministeriellen Beamten ihres Gerichtssprengels. *)

Endlich eröffnet sie neu erlassene Gesetze als Organ des Justizministeriums den Tribunalen und Gerichtshöfen mit Antrag auf
Vollzug derselben. Welch' außerordentlichen Wirkungskreis die Staatsbehörde hat, dadurch welche Bedeutung und welchen tief gehenden
Einfluß, haben wir also gesehen und wir citiren noch zum Schlusse
Merlin's Worte über die Staatsbehörde, nachdem er sein Erstaunen
darüber an den Tag gelegt hat, daß Griechenland und Rom kein
öffentliches Ministerium hatten, und ihnen nicht einmal durch das
Amt eines Censors die Idee dazu gekommen sey, „aber noch auf-
fallender, fährt er fort, „will es mir bedünken, daß, nachdem sich
diese Anstalt in Frankreich und England befestigt hat, die übrigen

---

*) Welche Beamten zu den ministeriellen zu zählen sind, darüber herrscht
in Frankreich keine entschiedene Einigkeit. In der Gesetzgebung, im Prozeß
sowohl als in Organisationsdekreten kommt der Ausdruck vor, aber nirgends
die Erklärung, wer darunter zu verstehen sey. — Die Mehrheit der französischen Juristen aber zählt unter die ministeriellen Beamten: 1. die Gerichtsschreiber, 2. die Anwälte, aber nicht die Advokaten, 3. die Notäre, 4. die Gerichtsboten.
Dieser Ansicht huldigen die meisten Gerichte und so wollen wir uns auch zu ihr
bekennen. (Carré meint: der Titel eines ministeriellen Beamten gehöre jedem
Beamten, den das Gesetz verpflichtet, den Richtern und Parteien sein Amt zu
leihen — ministerium — so oft er gesetzlich darum angesprochen wird. Dalloz
will die Gerichtschreiber nicht dazu rechnen, aber aus sehr unstichhaltigen
Gründen. Toullier äußert keine ganz bestimmte Meinung darüber.

Staaten noch immer zaudern, solche in ihre Länder zu verpflanzen und sich deren Früchte theilhaftig zu machen."

In Rheinpreußen, Rheinbayern und Rheinhessen besteht das Institut noch ganz so, wie wir es geschildert haben, oder doch mit sehr unbedeutenden Modifikationen, in Rheinbayern in ganz unveränderter Gestalt. Auch das diesseitige Bayern, so wie die meisten Staaten des deutschen Bundes haben eine Staatsanwaltschaft eingeführt, aber bis jetzt nur in strafrechtlichen Sachen, und sind im Uebrigen mit der Organisation derselben auf halbem Wege stehen geblieben, so daß das Institut für die betreffenden Staatsregierungen nie das leisten und werden kann, wie in England und Frankreich.

C. Die Gerichtsschreiberei.

Die Gerichtsschreiber der französischen Gerichte erscheinen als Mitglieder der Gerichte, nicht als bloße Hülfsbeamte. Aus dieser Eigenschaft will Dalloz und seine Anhänger es auch begründen, daß sie nicht zu den ministeriellen Beamten gerechnet werden. Aber da sie, wie die übrigen Beamten, die zu den ministeriellen gerechnet werden, Notäre, Anwälte und Gerichtsvollzieher, ihr Ministerium, das ist ihren Dienst leihen müssen, wenn sie von Richtern oder Parteien gesetzlich aufgefordert werden, so ist die Dalloz'sche Ansicht nicht haltbar. Auch damit kann dieselbe nicht unterstützt werden, daß die Gerichtsschreiber einen Sold vom Staate beziehen, denn dieser ist nur ein Theil ihrer amtlichen Einkünfte; der bei weitem größere Theil derselben fließt ihnen aus Gerichtsschreiberei-Gebühren zu, welche die Parteien ihnen, eben für die Leihung ihres Ministeriums, entrichten müssen.

Die Hauptaufgabe dieses Beamten ist, dem Richter überall wo er amtirt, zur Seite zu stehen, die Vornahme aller amtlichen Verrichtungen desselben durch Abfassung von Protokollen vollständig zu konstatiren, die Originale dieser Protokolle in Archiven zu bewahren, und den Personen, welche das Gesetz hiezu berechtigt, Abschriften davon auszufertigen.

Wir haben gesagt, dem Richter überall zur Seite zu stehen, denn die Anwesenheit und Mitwirkung des Gerichtsschreibers wird erfordert, wenn ein Collegium in corpore in öffentlicher oder Raths-kammer handelt, so wie wenn der Einzelrichter (am Friedensgerichte) oder ein einzelner Richter (als Commissär eines Collegiums) eine Verrichtung vornimmt, die amtlicher Natur ist, sey es in Civil- und Handels-, sey es in strafrechtlichen Sachen. Der Richter ist an die Unterzeichnung des Gerichtsschreibers gebunden, und ohne die-selbe kann eine Urkunde nicht als eine authentische gelten. Der Ge-richtsschreiber hat auch nur das zu beurkunden, was er gesehen und gehört, also erfahren hat im Laufe gerichtlicher Verhandlungen, nicht was ihm etwa der Richter in die Feder diktiren will. Er hat daher auch das Recht und die Pflicht, wenn der Richter wahrheitswidrig oder irrthümlich protokolliren lassen wollte, dagegen zu remonstriren und im äußersten Falle sein Ministerium zu verweigern.

Ursprünglich und zu Zeiten des Parlaments hatte jeder Richter oder Rath seinen Schreiber, der jedoch keinen amtlichen Charakter hatte. Philipp der Schöne schaffte diese Gewohnheit durch eine Ordonnanz vom Jahre 1303 ab und errichtete eine Gerichtsschreiberei an den Gerichten, die in Pacht gegeben wurde wie die bailliages der Seigneurs.

Franz I. hob dieses Verhältniß auf und machte im Jahre 1521 erbliche und verkäufliche Aemter aus den Gerichtsschreibereien. Es wurde an den Parlamenten wie an den Untergerichten nunmehr ein Chef der Gerichtsschreiberei, greffiér genannt, (von greffe. Ort einer Amtsschreiberei, Kanzlei) angeordnet, der sich mit der ihm nöthi-gen Zahl von Unterbeamten und Schreibern versah. Die Verricht-ungen und amtliche Competenz derselben sind dieselben gewesen, wie sie heute noch bestehen, und auch ihr Name hat sich vollständig bis auf den heutigen Tag in der französischen Gerichtsverfassung erhalten.

Das Gesetz vom Jahre 1790 behielt das Institut mit dem Titel der Beamten desselben, also fast vollständig bei; nur die Erblichkeit und Verkäuflichkeit wurde aufgehoben, im Jahre 1816 dagegen wieder eingeführt.

Der Stand dieses Instituts nach der Revolution und heute ist also der, daß an jedem Gerichte ein Gerichtsschreiber angestellt ist, der greffiér en chef heißt; dieser legt sich nun nach dem Umfang des Gerichtssprengels und des daraus resultirenden Geschäftskreises die nöthige Anzahl Gehülfen bei, welche entweder: expéditionnaires einfache Schreiber, oder Kopisten, ohne amtlichen Charakter sind, und deßhalb auch bei keiner gerichtlichen oder richterlichen Handlung assistiren können; oder sie sind beeidigte Gehülfen, commis-greffiérs assermentés, welche ihren Chef, den Gerichtsschreiber, in allen amtlichen Verrichtungen vertreten können. Indessen gelten dieselben nicht, wie der greffiér en chef als Mitglieder des Gerichts und werden von demselben nach Gutdünken entlassen und angenommen; letzteres jedoch nur mit Genehmigung des Gerichts, vor dem sie auch vorher den Amtseid zu leisten haben. In den Sitzungen tragen sie dasselbe Amtskleid wie ihre Chefs, und müssen auch, wie diese, zur Uebernahme des Amts fünfundzwanzig Jahre haben.

Die Chefs der Greffen werden, auf Präsentation ihrer Vorgänger, weil das Amt käuflich ist, vom Staatsoberhaupt ernannt und können auch von demselben wieder abberufen — denommés — werden. Sie müssen, wie gesagt, 25 Jahre alt seyn, haben aber nicht nöthig, Rechtsstudien gemacht zu haben. Sie haben, wie alle Beamten in Frankreich, einen Amtseid zu leisten, und noch ferner, wie Fiskalbeamten, für redliche Verwaltung ihrer Stellen, eine Kaution zu stellen.

Ihre Besoldung steht der gleich, welche die Richter der Tribunale, bei denen sie angestellt sind, beziehen. Auch ihre Amtskleidung sowie die ihrer beeidigten Gehülfen ist wie die richterliche, nur einfacher und ohne Vordüren an Toga und Toque.

Außer ihrer Besoldung*) beziehen sie aber noch mehr Einkünfte durch die sogenannten droits de greffe, Gebühren der Gerichtsschreiberei oder Greffe.

Sie beziehen Gebühren für Vornahme von prozessualischen Akten, für Original und Ausfertigung gerichtlicher Protokolle, für Le-

*) Die Gerichtsschreiber an den Handelsgerichten haben eine kleinere Besoldung aber größere Sportel-Einnahmen. Im Uebrigen ist kein Unterschied in Beziehung auf Amtsattribution und Vorbedingung zum Amt zwischen ihnen und den Gerichtsschreibern an den ordentlichen Gerichten.

galisation von Unterschriften, für Nachschlagung in den älteren Akten oder Nachsuchung im Archiv. Sie haben dagegen zu bestreiten: die Besoldungen ihrer Gehülfen und Schreiber, des Papiers, der Register, Dinte, Federn, Lichter, Heizung und überhaupt alle Ausgaben ihrer Kanzlei.

Außerdem sind sie für alle amtlichen Handlungen ihrer Gehülfen verantwortlich.

Auch dafür sind sie verantwortlich, daß die Akten der Einregistrirung rechtzeitig unterworfen werden und daß die Gerichte sich nur auf gehörig registrirte Akte berufen. Die Anwälte deponiren ihre Akten und ziehen sie wieder zurück auf den Kanzleien und stehen so in ununterbrochener Verbindung mit denselben.

Ihre Disziplinirung geschieht durch den Präsidenten, und nach Sachlage, wo die Absetzung in Aussicht steht, durch den Justizminister. Gesetz vom 20. April 1810. Artikel 62.

D. Die Anwaltschaft und die Advokatur.

Diese beiden Institute, welche in Deutschland in eines verschmolzen sind, in das der Advokaten, haben von je eine sehr verschiedene Rolle in Frankreich gespielt. Während unter dem alten regime der Stand der procureurs, Prokuratoren oder Sachwalter (von pro [für] und cura [Sorge]) — den Namen hat die neuere Gesetzgebung in avoués umgeändert — ein höchst anrüchiger war, die Träger desselben in Satyren und Lustspielen als Ideale der Schlechtigkeit, der Habsucht und der Rabulisterei lächerlich und verhaßt gemacht wurden, und zwar leider mit Recht, spielte die Advokatur eine große und glänzende Rolle zu Parlamentszeiten, wie während und nach der Revolution bis heute. Wie heute plaidirten sie damals vor den Gerichten und vor den Parlamenten, während das Postulations- oder Antragsrecht, die Prozeßführung und die Abwartung der Termine den Prokuratoren zukam. Ihr Amt war käuflich und erblich wie heute noch, während die Advokatur als eine

freie Kunst angesehen wurde und von diesem Schmutze unberührt
blieb. — Schelme und Spekulanten schafften sich durch Stellenkauf
in die Prokuratur; Talent und nobler Ehrgeiz, Kenntnisse und Beredsamkeit führte der Advokatur ihre Candidaten zu.

Wir werden nun zuerst die Anwaltschaft abhandeln und
dann die Advokatur, durch welche Darstellungsweise der Unterschied
zwischen beiden Instituten sich am klarsten ergeben wird.*)

Die Nationalversammlung, als sie über die Verbesserung in
dem Wesen der Prokuratur verhandelte, beschloß vor allen Dingen
den Amtsnamen der Vergessenheit zu übergeben, damit das odium
schwinde und der neue Stand oder vielmehr der frühere Stand unter neuem Namen — denn tiefer ging im Grunde die Veränderung
nicht — Vertrauen gewänne, und bestimmte für sie den Titel avoués.

Avoués hießen im Mittelalter die Schutz- und Schirmvögte der
Klöster und Kirchen, auf deren Feder wie auf deren Degen in gegebenen Fällen recurirt ward und diese werden wohl hier zu Taufe
gestanden haben, während Andere behaupten, die Benennung sey
vom lateinischen advotare, einem Votum, Wunsche, einer Bitte bei-
treten, sich anschließen, entnommen oder hergeleitet worden. Diese
Umtaufe geschah in dem Gesetze vom 29. Januar bis 20. März
1791 und dasselbe firirte die Attribution dieser avoués folgender-
maßen:

„Es sollen offizielle Beamten oder avoués, Anwälte, bei den
„Distriktsgerichten bestehen, welche den Beruf haben, die Parteien
„vor Gericht zu vertreten, die Akten und Schriften derselben zu ver-
„wahren und dafür zu haften; die zur Regelmäßigkeit der Prozedur
„nöthigen Akten abzufassen, und den Prozeß zum Vortrage vorzu-
„bereiten. Diese Anwälte dürfen auch die Parteien mündlich oder
„schriftlich vertheidigen, wenn sie hiezu aufgefordert werden; allein

---

*) Nur in Einem Punkte besteht wenig Unterschied zwischen ihnen, in der
Amtskleidung nämlich. Advokaten wie Anwälte tragen die schwarze Toga und
das schwarze Barett, erstere noch die chausse, ein Streif seidener Zeug, den
die Doktoren der Wissenschaften bei öffentlichen Ceremonien haben. Die Advokaten plaidiren stehend, mit bedecktem Haupte, als Zeichen der freien und
unabhängigen Stellung des Vortrags vor Gericht; die Anwälte dagegen lesen
ihre Anträge mit unbedecktem Haupte.

„es steht den Partheien immerhin frei, sich selbst mündlich oder
„schriftlich zu vertheidigen, oder den Beistand eines amtlichen Ver-
„theidigers — defenseur officieux — anzurufen."
Unter diesem letztern verstand das Gesetz den Advokaten, der
unter diesem Titel in die neue Verfassung zuerst eingeführt ward,
dem aber Napoleon später seinen alten Titel wieder zurückgab.
Das Gesetz vom 3. Brumaire Jahr II. (24. Oktober 1793)
— ein Kindlein des damals herrschenden republikanischen Unsinnes,
der so weit ging, die Völker auf die primären Zustände rückführen
und alle Formen des Lebens und der Gerichte verbannen zu wollen,
schaffte Anwälte und Advokaten zugleich ab und befahl, die Parteien
sollten sich in eigener Person oder durch Spezialbevollmächtigte vor
den Gerichten vertreten lassen. Allein so wurde die Sache schlimmer
als je. Die Parteien, durchdrungen von dem Gefühle ihrer Unfähigkeit, die Prozeduren ohne rechtskundigen Beistand vor den Gerichten durchzuführen, nahmen ihre Zuflucht zu den Er-Anwälten
und Er-Advokaten und machten sie zu ihren Spezialbevollmächtigten,
welche sich hiefür mehr als gebührend bezahlen ließen. Man wurde
daher dieser Verhältnisse überdrüssig und immer lauter sprachen sich die
Wünsche dahin aus, zu dem frühern Systeme wieder zurückzukehren.
Die Consularregierung stellte auch das alte Verhältniß durch
das Gesetz vom 27. Ventose Jahr VIII. wieder her und schuf auf's
Neue den Stand der avoués mit dem Rechte, „zu postuliren und
„bei den zuständigen Gerichten Anträge und Conclusionen schriftlich
„zu überreichen." Den Parteien ward jedoch das Recht vorbehalten,
sich mündlich oder schriftlich selbst zu vertheidigen oder ihre Vertheidigung durch eine Person, die ihnen beliebig war, vortragen zu
lassen. Ihre Ernennung ward dem ersten Consul übertragen und
sie hatten eine Amtskaution zu stellen, welche nach Maßgabe der
Bedeutung des Gerichts sich zwischen 600 und 2700 Franken be-
wegte. Zu ihrem Amte ward ein Alter von 25 Jahren erfordert,
und sie mußten den Grad der Capazität auf einer Rechtsschule erlangt haben; dieser aber wird nach einem einjährigen Course schon
ertheilt. *) Auch eine Praxis von 5 Jahren auf einem Anwalts-
bureau, eine sogenannte stage, wird zu den Vorbedingungen erfordert.

---

*) Die meisten Anwälte in Frankreich absolviren in der neuern Zeit ihre Stu-
dien auf den Rechtsschulen vollständig und erwerben sich den Lizentiatengrad.

Auch nur eine beſtimmte Anzahl derſelben ward an jedem Gerichte durch die Staatsregierung auf Grund gerichtlicher Vorſchläge
verfügt. Sie hatten den Amtseid (nach dem Geſetz vom 22. Ventoſe
Jahr XII.) zu leiſten, „als Rathgeber nichts zu ſagen oder bekannt
„zu machen, was den Geſetzen, Verordnungen, guten Sitten, der
„Sicherheit des Staates und der allgemeinen Ruhe zuwider iſt, und
„den Anſtand, welchen man den Gerichten und der öffentlichen Ge-
„walt ſchuldig iſt, nie zu verletzen.“

Auch ward ihnen ein ähnliches Amtskleid wie den Richtern
vorgeſchrieben, nämlich eine Toga von ſchwarzer Wolle, vorn zuge-
knöpft, mit weiten Aermeln mit einem ſchwarzen Hut (Toque) und
einer herabhängenden Cravatte von weißem Battiſt.

Die Anwälte ſind nach dem Geſetze bezahlte Bevollmächtigte der
Parteien und ihre Gebühren ſind geſetzlich beſtimmt worden durch
den Tarif vom 16. Februar 1807. Sie haben ein Regiſter zu
führen, das vom Gerichtspräſidenten auf jeder Seite nummerirt und
paraphirt iſt, worin ſie alle ihre Gebühren und Deſerviten eintragen
müſſen. Stärkere, als die geſetzlichen Gebühren zu fordern, iſt
ihnen bei Strafe des Rückerſatzes und disziplinariſcher Ahndung unter-
ſagt. An den Appellhöfen ſind ihre Gebühren höher tarifirt, allein
dort werden auch weniger Prozeſſe geführt als an den Erſtinſtanz-
gerichten. An dem Caſſationshofe gibt es deren keine, wie wir oben
geſehen haben, und ebenſo ſollen keine an den Handelsgerichten fungiren, ausgenommen in der Eigenſchaft als einfache Mandatare mit
Spezialvollmacht, desgleichen an den Friedensgerichten. Das Man-
dat des Anwalts kann ſchriftlich und mündlich ertheilt werden, ja es
läßt ſich ſelbſt durch Präſumtionen (Vermuthung) beweiſen. Für
beſondere Prozeßhandlungen ſind ihm indeſſen Spezialvollmachten ſeiner
Partei nothwendig, wenn er nicht der Gegenſtand eines desaveu,
das heißt einer Mißbilligungsklage werden will. Die Wahl zum
Anwalte in einem Prozeſſe macht ihn zum Herrn des Prozeſſes und
er führt ihn nach ſeinem guten Wiſſen. Läßt er ſich Saumſal, Chikane,
Unfleiß, Verſäumniß zu Schulden kommen, ſo kann er mit Diszi-
plinar- und Regreßlagen verfolgt werden.

Durch Conſularbeſchluß vom 13. Frimaire Jahr IX. iſt bei
jedem Tribunale eine Anwaltkammer gebildet worden, welche durch

einen Ausschuß dirigirt wird. Die Chargen sind: 1) Der Präsident, 2) der Syndik, (gewissermaßen das öffentliche Ministerium der Kammer), 3) der Schatzmeister und 4) der Sekretär. Jährlich treten sämmtliche Anwälte eines Gerichts zusammen und wählen ihren Ausschuß. Die Kammer ist berechtigt, die Disziplin unter den Anwälten aufrecht zu erhalten und folgende disziplinäre Strafen zu verhängen als:

1) Verweisung zur Ordnung.

2) Einfacher Verweis.

3) Geschärfter Verweis in Gegenwart der ganzen Kammer.

4) Suspension des Zutritts zur Kammer.

Die wichtigeren Disziplinarbeschlüsse werden auf der Kanzlei des Gerichts deponirt, um die Staatsbehörde zu veranlassen, weitere Maßregeln zu ergreifen. Ferner legt sie Streitigkeiten zwischen Anwälten und Parteien in Beziehung auf Taren und Gebühren bei, zwischen den Anwälten selbst in Beziehung auf Mittheilung und Rückgabe der Akten und sonstige Funktionen; sie stellt Zeugnisse aus der Moralität und der Fähigkeit das Amt eines Anwalt zu versehen für Dienstes-Aspiranten; sie soll ein gratis Consultationsbureau bilden für Unbemittelte; sie vertritt die Corporation bei gemeinschaftlichen Angelegenheiten.

Obige Bestimmungen über Disziplinargewalt hindern indessen die Staatsprokuratoren nicht, die fehlenden Anwälte vor Gericht direkt zu verfolgen und die Strafen des Dekrets vom 30. März 1808 gegen sie zu beantragen. In der Regel pflegen sie jedoch vor der Gerichtsstellung ein Gutachten der Anwaltskammer über Sache und Person einzuholen.

Wir gehen nun zum Stande der Advokaten über und kommen auf das zurück, was wir oben gesagt haben, wie die Rolle der Advokatur unter dem ancien regime eine glänzende gewesen sey. Ja die Gerichts-Annalen des alten Frankreichs weisen eine fünfhundertjährige ruhmvolle Geschichte dieses Standes nach. Die ersten Jahre der Revolution trafen indessen auch ihn, wie so manches wirklich Schöne und Gute unter dem Wuste von Verwerflichen und Schlechten, bis zur Vernichtung. Wie der Anwaltsstand ward er von dem Unsinn und der Raserei aufgehoben und verschwand auf einige Jahre aus der Geschichte. Die Mitglieder desselben lebten in

den Privatſtand zurückgezogen, ober unter der Geſtalt von defenseurs
officieux, ober unter ber von Spezialbevollmächtigten, um die Parteien vor Gericht zu vertreten, leßtere meiſtens die Unwürdigſten
ihres vorigen Standes. Viele aber auch glänzten in der National-
verſammlung durch Geiſt und Beredſamkeit, wie Thouret und Tronchet; und ſo wird es auch begreiflich, warum in legislativer Beziehung ſo Vieles und großentheils Gutes geleiſtet ward, da ſo berühmte
Advokaten in großer Zahl in die geſeßgebende Verſammlung gewählt
und ſpäter zu den höchſten Staatsämtern, ſowie zur Reviſion der Ge-
ſeßgebung herangezogen wurden. Die beſſern Zeiten begannen für
denſelben mit der Erhebung Napoleons. Unter ihm erſtand wieder
der Advokatenſtand zu neuer, lebensfriſcher Thätigkeit, und begann
ſofort wieder auf der alten ruhm- und ehrenvollen Bahn vorwärts
zu ſchreiten unter der Leitung der alten Advokaten aus der Zeit vor
der Revolution. Bald auch führten die neu geſtifteten Rechtsſchulen
ihm junge und friſche Kräfte zu.

Durch das Dekret vom 14. Dezember 1810 wurde der Advokatenſtand genau organiſirt, allein das Mißtrauen des despotiſchen
Kaiſers, *) das überall durch die Beſtimmungen dieſes ſowie des
Dekrets vom 2. Juli 1812 durchblickte, gegen den Advokatenſtand,
der ihm zu frei war und den er gern deßhalb ſeinem Willen unterworfen hätte, machte dieſe Beſtimmungen ſo unpopulär und verhaßt
in Frankreich, daß Ludwig XVIII. durch eine Ordonnanz vom 27.
Februar 1822 den Advokaten ihre frühere Prärogative wieder gab,
welche Ordonnanz in einzelnen Beſtimmungen auf Reclamation hin
durch eine Ordonnanz vom 27. Auguſt 1830 noch modifizirt ward.

Am Caſſationshof erlaubte man zuerſt den Advokaten unter dem

---

*) Napoleon äußerte ſich gegen Cambacérès in Beziehung auf dieſes Dekret, das
viele Beſtimmungen gegen ſeinen Willen enthielt: le decret est absurde; il
ne laisse aucune prise, aucune action contre les avocats. Ces sont
des facieux, des artisans de crimes et de trahisons; tant que j'aurai
l'épée au côté, jamais je ne signerai un pareil décret; je veux qu'on
puisse couper la langue à un avocat, qui s'en sert contre le gouvernement. Uebrigens gereicht der Eingangspaſſus des Dekrets, den Advokatenſtand betreffend, demſelben zu hohem Ruhme, da ihm offiziell von der Staatsregierung die erhabenſten Eigenſchaften zugeſprochen werden.

Namen avoués zu plaidiren und ließ auch wirkliche avoués bei dem=
selben zu. Allein im Jahre 1806 wurde wieder der Titel avocat
bei dem Cassationshof hergestellt und verordnet, daß keine avoués
an demselben zu fungiren haben. In demselben Jahre wurden auch
Advokaten zur Vertretung der Parteien bei dem Staatsrathe durch
Unterzeichnung der Gesuche und Denkschriften, in allen dorthin ge=
hörigen Streitsachen, creirt. Und beide Arten von Advokatur be=
stehen heute noch fort in der Weise, daß unter dem Namen Advokat,
der Beruf des Advokaten und des Anwalts, aber nur am Cassations=
hof und beim Staatsrath, verschmolzen ist.

Das Organisationsgesetz hat den Advokaten das ausschließliche
Recht zugestanden die Parteien und ihre Interessen in Civil= und
Criminalsachen vor allen Gerichten des Reichs zu vertreten und
zwar allein durch mündlichen Vortrag. Das Postulations= und
die übrigen Rechte des Anwalts steht ihnen nicht zu.

Und dieses ihr Recht üben sie in der großen Mehrzahl mit
Talent, mit Anstand und mit Mäßigung aus, so daß ihr Stand
eine große Achtung unter der Nation genießt und manche derselben
einen europäischen Ruf erlangt haben, wie die Berryér, Senard,
Marie, Paillet, Duvergiér, Carette, Marcadé, Fabre, Moreau,
Nouguiér, Delangle, Lionville, Oliviér, Jules Fabres, Crémieux,
Chain-d'Est-Ange und viele andere. Letzterer durch seine glänzende
Beredsamkeit ausgezeichnet, hat den Stand, der ihm so viel Ruhm
und so viel Reichthum eintrug, verlassen und die Generalprokuratur
am Appellhof zu Paris, welche ihm die Regierung anbot, über=
nommen.

Verletzt der Advokat seine Pflichten, verfehlt er sich gegen seinen
Amtseid in irgend einer Bestimmung derselben, so kann er sowohl
durch das Gericht, an welchem er fungirt oder vor welchem er ge=
rade plaidirt, disciplinär beahndet werden. Außerdem aber steht er
noch unter einem Disciplinarrathe der eigenen Standesgenossen, un=
ter dem conseil de discipline.

An allen Gerichten nämlich, wo sich eine Anzahl von Advo=
katen befindet, wird von denselben in einer Generalversammlung zu
Anfang eines jeden Gerichtsjahres ein Comitée gewählt, das wenig=
stens aus 5 Personen bestehen soll. Diese wählen aus ihrer Mitte

den Präsidenten, sogenannten bâtonniér, Stabträger, weil er zum Zeichen seiner Würde einen Stab (bâton) trug. Dieser Ausschuß übt die Disziplin durch Verweise, Warnungen, temporäre, ja sogar gänzliche Einstellung des Berufs. Auch vertritt er das Interesse des Standes, wo es nothwendig ist, und oft sehr energisch gegen die Gerichte, die Präsidenten und den Justizminister.

Schließlich führt er die Aufsicht über die jungen Advokaten, die noch ihre stage machen und verfügt ihre Eintragung in die Liste der avocats exercants, wenn sie ihren Pflichten nachkommen und ihre stage durchgemacht haben, oder versagt ihnen die Eintragung, wenn sie sich derselben durch Unfleiß und unsittliche Aufführung nicht würdig gemacht haben.

Mit der Anführung dieses weitern Attributs des conseil de discipline kommen wir aber logisch dahin, zu betrachten, was denn unter stage zu verstehen sey und welche Vorbedingungen zur Ausübung der Advokatur erfordert werden.

Jeder Franzose, der an einer Rechtsschule des Landes die Rechtsstudien absolvirt und das Diplom eines Licentiaten erlangt hat, kann sofort dieses Diplom dem Generalprokurator eines Appellhofes präsentiren mit dem Ersuchen, ihn als Advokaten beeidigen zu lassen. Auf Antrag des Generalprokurators wird er sofort zur Leistung des Advokateneides in öffentlicher Sitzung zugelassen. Und von da an hat er, wenn er in die Liste der ausübenden Advokaten (avocats exercants) eingetragen und in den Genuß der Rechte und Privilegien seines Standes kommen will, drei Jahre lang die Gerichtssitzungen zu besuchen, den Versammlungen des Consultationsbureaus beizuwohnen, welches wöchentlich Sitzungen hält, die Rechtssachen der Armen zu prüfen (denn ein sonstiges Armenrecht, wie bei uns, z. B. in Bayern, kennt man in Frankreich nicht) die ihm übertragenen Plaidoirien gut zu besorgen und die Conferenzen *) zu besuchen und sich in denselben bemerkbar zu machen. Diese dreijährige

---

*) Conférences des avocats sind Versammlungen, die in kürzern Zeiträumen, oft wöchentlich wie in Paris zusammentreten und wo dann unter dem Vorsitze des Batonniers, dessen Ehrenamt seine Kenntnisse, sein Talent, sein Alter und sein Charakter ihm verschafft haben, die Stage=Advokaten die schwierigern Rechtsfragen verhandeln und besprechen, die im Laufe des Jahres sich ergeben.

Lehr- oder Prüfungszeit aber wird stage genannt und nach ehren-
voller Zurücklegung derselben wird er durch den Disciplinarrath in
die Liste der Exercants eingetragen *), das heißt er ist jetzt ganz fertig.

Manche von diesen geben sich selten mit Plaidiren, sondern mit
Abfassung schriftlicher Rechtsgutachten ab und werden dann avocats
consultants genannt. Viele junge Leute auch machen die stage
nicht durch und suchen die Eintragung in die fragliche Liste gar nicht
nach, und begnügen sich mit dem Titel „Advokat", weil es ihnen
an Lust oder Fähigkeit zur Ausübung der Advokatur fehlt. Diese
nennt man denn avocats titulaires, Titular-Advokaten.

Der Gerichtsstand und das öffentliche Ministerium, mit denen
beiden ja die Advokaten in beständiger Wechselwirkung stehen, richten stets ihr Augenmerk auf die jüngern und ältern Glieder der
Advokatur, welche sich durch Talent, Beredsamkeit, Kenntnisse und
gute Sitten auszeichnen und bezeichnen sie der Staatsregierung in
empfehlender Weise, um sie den Gerichten oder der Staatsprokuratur zu gewinnen. Mittellose Advokaten, wenn sie sich durch Fleiß
und Talent ein Vermögen erworben haben, pflegen öfters gerne in
spätern Jahren sich dem mühevollen Berufe zu entziehen und ein
ruhigeres Leben auf den Stühlen der Magistratspersonen zu suchen.
Daß aber Gerichts- und Staatsanwaltstand nur durch solche Männer gewinnen können, ist klar und durch die Erfahrung hinlänglich
bewährt. Und so schließen wir denn dieses Kapitel mit der Be-
merkung, daß leider der Stand der Anwälte (avoués) nicht gleichen
Lauf eingehalten hat mit dem der ihm verwandten Advokaten, daß er
nicht zu dem Ansehen und der Achtung gelangen konnte wie dieser
und daß er immer noch das Vertrauen des Volkes nicht gewonnen
hat, das ihm, und oft nicht mit Unrecht Schlendrian, Gewissenlosig-
keit und Gebührenschneiderei vorwirft. **)

---

*) Diese Liste wird tableau des avocats genannt. Die Gesammtheit der Advo-
katen an Einem Gericht oder im ganzen Frankreich wird das barreau genannt, von dem Orte, der ihnen in den Gerichtssälen zum Amtiren und Ver-
weilen eingeräumt ist und eine Schranke mit Thürchen bildet zwischen Gericht
und Parteien oder Publikum. Der Ausdruck barreau wird von dem Advo-
katenstand gebraucht wie Parket von der Staatsanwaltschaft.

**) In Rheinbayern (ebenso in Rheinpreußen seit 1820 und in Rheinhessen) hat

E. Die Gerichtsvollzieher.

Das Institut der Gerichtsvollzieher, oder wie sie sonst noch heißen, Gerichtsboten, Huissiers war schon bei den Parlamenten und den übrigen Gerichten des alten Frankreichs eingeführt und bekannt. Die neue Gesetzgebung hat dasselbe beibehalten und ihr amtlicher Wirkungskreis, die Exekution richterlicher Bescheide, die Zustellung der Prozeßschriften und Akten in den Rechtsstreitigkeiten, die Vorladung der Zeugen und Parteien ist derselbe geblieben, wie er damals war. Ihre Organisation ist unbedingt nothwendige Folge des französischen Systems, daß der Richter nur auf Ansuchen der Parteien in Wirksamkeit tritt und daß die Exekution seiner Bescheide und Urtheile nicht seine Sache ist.

Huissiers hießen sie bei den Parlamenten deßhalb, weil sie als Ordnungsdiener an den Thüren der Parlamente stunden und die Aufwartung bei Gericht hatten von huis, die Thüre; huissier, Thürhüter, Thürsteher. Bei den Untergerichten hießen sie sergens, Sergenten, von servire, dienen, servientes, die Dienenden. Der Volkswitz aber leitete sergens von serrer, drücken, plagen, klemmen und gens, Leute, also Leutedrücker, Leuteschinder oder von serrer und argent, Geldpresser her.

Im Wesentlichen ist der Geschäftskreis der Huissiers folgender:

Sie laden Parteien und Zeugen vor den Richter;

Sie vollziehen die richterlichen Bescheide und Urtheile.

Sie stellen auf Requisition einer Partei Aufforderungen zu an eine andere Partei in denjenigen Fällen, in welchen die Intervention des Richters nicht erfordert wird.

Sie sind ermächtigt, freiwillige und gezwungene Versteigerungen abzuhalten. Der Huissier gehört, wie schon früher gesagt, zu den

wenige Jahre nach der Besitzergreifung die Staatsregierung die amtlichen Funktionen und Titel der Anwälte und Advokaten in einen vereinigt unter dem Titel: Advokat-Anwalt. Weitaus die große Mehrzahl dieses Standes sind als Ehrenmänner geachtet und vom Volke, fast nur zu sehr, als Vertreter seiner Rechte in öffentlichen Angelegenheiten, politischer oder religiöser Natur, angesehen.

ministeriellen Beamten, und aus der Aufzählung seiner Funktionen
geht hervor, wie er unter den Mitarbeitern der Justiz eine bedeutende Stelle einnimmt, zu welcher eine nicht oberflächliche Bildung
in Rechtsgeschäften gehört.   Sie müssen daher, um die Vorbedingungen zum Amte zu erfüllen, nach dem kaiserlichen Dekrete vom
14. Juni 1813, dem wichtigsten Dienstreglement für dieselben, basirt
auf die Gesetzbücher des Reichs und ältere und neuere Verordnungen,
1) 25 Jahre alt seyn, 2) eine Stage (Lehrzeit) von zwei Jahren
bei einem Notar, Anwalt oder Gerichtsboten, oder von drei Jahren
auf der Gerichtsschreiberei eines ordentlichen Gerichts nachweisen
können; 3) ein Certificat der Moralität und der Fähigkeit, erlassen
durch die Gerichtsbotenkammer, beibringen.   Ihre Ernennung geschieht
durch das Staatsoberhaupt, und das Erzinstanzgericht ihres Sprengels nimmt sie in Eid und Pflicht, so wie es auch Disziplinarbehörde über sie ist, in Concurrenz mit dem Präsidenten des Gerichts,
und mit dem Staatsprokurator an demselben.

Vom Staate sind sie nicht besoldet, sondern werden für ihre
amtliche Funktionen nach gesetzlich bestimmten Tarifen honorirt. Ge-
bührenüberschreitungen oder sonstige Ungehörigkeiten werden disziplinär
auf Anzeige geahndet, und sie sind überdieß in Verrichtung ihrer
amtlichen Funktionen für Versäumniß, Nachlässigkeit, Fehler jeder
Art verantwortlich, so daß sie mit Regreßklagen in niederm und
höherm Betrage verfolgt werden können.

Ihr Amt war, wie alle andern auch, vor der Revolution verkäuflich. Die Käuflichkeit desselben wurde durch Gesetz vom 29. Jan.
1791 abgeschafft, aber wie die des Notariats, der Gerichtsschreiberei
und des Anwalts in den ersten Jahren der Restauration wieder
eingeführt. Aber immer hat natürlich der Käufer die durch das Gesetz vorgeschriebenen Vorbedingungen des Alters, der Stage u. s. w.
zu erfüllen, wodurch doch einigermaßen das Unwesen gemildert wird,
wenn auch die Käuflichkeit eines Amtes an und für sich von der
niedern Idee, die man von demselben hegt, zeugt.   In Deutschland
hat man eine viel zu hohe Meinung von den öffentlichen Aemtern,
als daß sie zu Gegenständen des Verkehrs und des Handels gemacht
werden könnten.   Wenigstens nicht gesetzlich und offiziell!

Diejenigen Gerichtsboten, welche sich aus besonderem Vertrauen, wie das Dekret vom 30. März 1808 sagt, das Gericht auserlesen hat, den innern Dienst an dem Gerichte zu besorgen, das heißt, bei den öffentlichen Sitzungen und Verhandlungen die Aufwartung haben, werden Audienzgerichtsboten, huissiers audienciers genannt. Während dieses Dienstes ist ihnen durch das Dekret vom 2. Nivôse Jahr XI. ein Amtskleid vorgeschrieben, welches in schwarzer Civilkleidung besteht mit einem Mantel von schwarzer Wolle auf dem Rücken und einem schwarzen Stabe in der Hand. Bei öffentlichen Ceremonien haben sie in dieser Amtskleidung vor den Gerichten herzuschreiten wie ehemals die Liktoren vor den römischen Magistraten. Vor dem Eintritt des Gerichts in den Saal machen sie durch Aufschlagen des Stabs das Publikum auf den Eintritt desselben aufmerksam und gebieten Ruhe, Stillschweigen (silence). Die Gerichtsboten eines jeden Sprengels eines Erstinstanzgerichts bilden, wie Notare, Anwälte und Advokaten, unter sich einen Verein und wählen sich einen Ausschuß, der Disziplinarkammer genannt wird. Derselbe besteht aus einem Syndik als Vorsitzenden, einem Berichterstatter, einem Sekretär, einem Cassier und mehreren Mitgliedern als Beisitzern. Der Wirkungskreis dieser Disziplinarkammer erstreckt sich:

1. auf die Ueberwachung der Disziplin unter den Gerichtsboten;
2. auf die Schlichtung von Streitigkeiten zwischen Gerichtsboten selbst, oder zwischen Parteien und Gerichtsboten;
3. auf Verhängung von Disziplinarstrafen;
4. auf Ertheilung von Zeugnissen der Moralität und Befähigung für Candidaten, so wie auf Prüfung derselben;
5. auf Ertheilung von Zeugnissen über Gerichtsboten selbst;
6. auf Ertheilung von Gutachten über Taxen;
7. auf Vertretung der gemeinsamen Interessen, so wie auf die Führung und Verwaltung der Vereinskasse.

Die Strafen der Disziplin sind: a. Verweis zur Ordnung; b. einfacher Verweis; c. geschärfter Verweis durch den Syndik in Gegenwart der Kammer; d. Verlust des Zutritts in die Kammer während der Dauer von sechs Monaten höchstens.

Die Disziplinirung vor dieser Kammer schließt natürlich nicht die etwaige gleichzeitige Disziplinirung vor den Gerichten aus.

Die häufigste und einträglichste Art der Vollziehung von Urtheilen ist die Pfändung und Versteigerung von Mobilien, und da
derartige Geschäfte in Paris so häufig vorkommen, so wurden schon
unter der alten Monarchie eigene Beamte hiefür geschaffen, die mit
den Gerichtsboten in diesen Funktionen concurriren in den Provinzial-
städten, in Paris aber alleinige Befugniß dazu haben, und früher
jurés-priseurs vendeurs de meubles, seit dem Gesetz vom 18.
März 1801 commissaires-priseurs genannt werden. Durch dieses
Gesetz (aliter vom 27. Ventose Jahr IX.) wurde ihre Zahl auf
80 für Paris festgesetzt, ihre Beeidigung und sonstige Organisation
näher präcisirt, so wie eine Disziplinarkammer attribuirt, die Corporation aber unter die Aufsicht der Staatsbehörde am Erstinstanzgericht gestellt. Vor ihrer Beeidigung haben sie eine Caution zu
leisten von 10,000 Franken. Ihre Ausdehnung auf andere Städte
war schon durch ein Dekret vom Februar 1771 gestattet worden,
durch Gesetz vom 17. September 1793 war ihr Institut aufgehoben,
durch das vom 22. Pluviôse (Jahr VII.) wieder eingeführt worden.

Sie sind, wie die Gerichtsboten überhaupt, nicht besoldet, sondern werden von den Parteien bezahlt nach Verhältniß der Summen, die in den Versteigerungen erlöst werden, und gesetzlichem Tarife.

Das Institut scheint indessen nicht allwärts mit günstigem Auge
betrachtet zu werden; ein Gutachten des Staatsrathes vom 18. Aug.
1818 hat sich für die Aufhebung desselben ausgesprochen, da mit
geringern Kosten und größerer Auswahl der Parteien unter den
Gerichtsboten die Funktionen durch diese letztern selbst viel besser versehen werden könnten.

Aber sie müssen, wie oben gesagt, eine Amtscaution von 10,000
Franken in dem öffentlichen Staatsschatze deponiren und das macht
für alle commissaires-priseurs im ganzen Reich eine schöne Summe
aus, welche die Staatsregierung wohl nicht gerne missen wird. Die
Interessen, welche von den Amtskautionen geleistet werden, sind nicht
hoch, und wenn die Noth am größten ist, geht auch das Capital
der Caution in die Brüche, wie wir es schon einmal im Laufe der
Revolution erlebt haben und möglicherweise noch einmal erleben
werden.

Die Literatur über Gerichtsvollzieher findet sich in den Werken über Gerichtsorganisation überhaupt, die zu Schlusse der Einleitung citirt sind.

F. Das Notariat.

Schon in den ersten Anfängen des Staatenlebens begegnen wir einer gewissen Klasse Personen, die, theils mehr theils minder Ansehen unter ihrem Volk genießend, sich einen Beruf daraus machten, die Rechtsgeschäfte Anderer zu verbriefen, hiefür gewisser Formen sich zu bedienen, wodurch dann solche Urkunden allmählig eine gewisse Authenticität erlangten und der Keim zu dem Notariat, wie es sich später ausbildete, gelegt wurde. So hatten die Hebräer und Griechen schon ihre Notäre, wie Merlin ziemlich umständlich in seinem repertoire universel de Jurisprudence, verbo „notaire" nachweist, und es hat sich sonach das Notariat eines sehr ehrwürdigen Alters zu erfreuen, da seine Wurzeln in die Zeiten der jüdischen Richter und Könige hineinragen. Die griechische Gesetzgebung übertrug sich auf die Römer und mit ihr das Institut der öffentlichen Schreiber, die unter verschiedenen Namen als scribae und librarii in den Zeiten der Republik vorkommen. Auch wurden sie notarii — eine Art Stenographen, weil sie mit Noten schrieben — und bisweilen exceptores genannt, und wurden theils von den öffentlichen Aemtern und Behörden, theils von Privatpersonen für ihre Dienstleistungen besoldet oder honorirt, je nachdem sie im speziellen Dienste Jener oder im allgemeinen Dienste sich befanden. Ihr Ansehen mochte damals nicht groß seyn, da sehr viele dem Sklavenstande angehörten oder doch nur Freigelassene (libertini) waren. In den Kaiserzeiten dagegen wuchs ihr Ansehen mit ihrer Anzahl. Sie fingen an, eigne Corporationen zu bilden, welche theils der Magistratur aggregirt waren, theils selbstständig und unabhängig von dieser ihrem Berufe oblagen; sie constituirten sich Vorstände (primicerius) und man findet sie selbst bei Hofe und den höhern Aemtern als Sekretäre. Diejenigen, welche auf öffentlichem Markte

zum Dienſte des Publikums bereit waren, wurden personae pub-
licae, häufiger tabelliones forenses genannt, welche letztere Benennung, tabellions, ſich noch in den Ordonnanzen der franzöſiſchen
Könige bis zum Jahr 1790 vorfindet, obgleich die Ausdrücke notaire und garde-note gebraucht werden. Ihre Amtsverrichtungen
wurden bei dem ſich ſteigernden Verkehr und der dadurch hervorge-
rufenen größern Entwickelung von Rechtsgeſchäften immer wichtiger,
immer mehr Bedürfniß, und es wurden allmählig für die Abfaſſung
ihrer Urkunden und Akten durch kaiſerliche Verordnungen und Dekrete immer mehr beſtimmte Normen und Formalitäten feſtgeſetzt.
So wurde namentlich die Zuziehung ſogenannter Inſtrumentszeugen,
welche allerdings ſchon früher, aber mehr der Sitte und Gewohnheit
nach herbeigezogen worden waren, nunmehr obligatoriſch und geſetzlich bedingt; auch das Honorar für ihre Dienſtleiſtungen wurde
geregelt, wie ſie denn unter Diocletian ſchon einen förmlichen Tarif
erhielten. Unter Juſtinian ſtehen ſie als corpus togatorum in
voller Blüthe und nehmen in der Beamtenhierarchie jener Zeit eine
nicht unbedeutende Stelle ein. Bisweilen werden ſie auch jetzt
tabularii genannt, obſchon dieſe Benennung anderen Beamten, welche
ſtädtiſchen Archiven und Finanzbureaus vorgeſetzt waren, zukam.

Ueber das römiſche Notariat vergleiche: v. Savigny, Geſchichte
des römiſchen Rechtes I. Hergot, de scribis veter. Gracc. Roman.
et German. Lydus, de magistratibus populi romani, 1, 18, 17.
D. de muneribus; 1. 4 cod. de appellat. et 1. 13 D. de extra-
ord. cognit. Novell. 44. cap. 1. 2. — I. 9. 4 D. de poenis.
Nov. 73. cap. 5. 8.

Mit andern römiſchen Einrichtungen übertrugen die fränkiſchen
Könige auch das Notariat nach Deutſchland und Frankreich. Karl
der Große hatte zuerſt das Verdienſt, dieſen Beamten eine präciſere
Stellung, begränztere Attributionen zu geben. In ſeinen Capitularien
trennt er ſie von den Beamten der contentiöſen Juſtiz gänzlich und nennt
ſie judices chartularii, Richter der freiwilligen Gerichtsbarkeit, da in
ihrer Gegenwart, unter ihrer Autorität, die Parteien gleichſam, wie in
letzter Inſtanz, ihre Rechtsgeſchäfte ordneten und feſtſetzten. In den
Reichskanzleien waren Notare angeſtellt zur Auffaſſung und Gegen-
zeichnung von Urkunden und ſind hier bald notarii, bald referendarii

und cancellarii genannt; die höchststehenden derselben kommen unter der Benennung archinotarius und summus notarius vor, ein Amt, welches später in das viel bedeutendere, hierarchisch an der Spitze aller Landesstellen und Behörden stehende des Reichskanzlers überging. Die deutschen Kaiser eigneten sich bald das Vorrecht zu, Notäre allein zu ernennen, welche Gewalt auch mittelbar durch den comes palatinus auf kaiserliche Ermächtigung geübt wurde. Auch die Päbste legten sich das Recht der Ernennung von Notären bei und wir finden solche päbstliche Notäre unter dem Namen notaires apostoliques bis zur Revolution in Frankreich. Freilich hatten sie hier nur im Dienst der Kirche und in geistlichen Angelegenheiten zu funktioniren. Wie aber der Kaiser die Pfalzgrafen, so delegirte auch der Pabst die Bischöfe häufig zur Ernennung der Notäre, und letztere übten dieses Recht bisweilen, wie die weltlichen Fürsten, auch auf ihre eigene Autorität aus, so daß man vielfach neben den kaiserlichen, königlichen, päbstlichen auch auf bischöfliche Notäre stößt. Selbst die seigneurs ernannten Notäre, welche jedoch unter dem Titel notaires seigneuriaux nur innerhalb des Besitzthumes ihrer Feudalherren instrumentiren durften.

Ludwig der Heilige verbesserte wesentlich die Notariatsordnung Karl des Großen, wie denn nun dieselbe immer mehr unter den folgenden französischen Königen ausgebildet wurde und zu dem Institute heranreifte, wie es dermalen in Frankreich besteht.

Namentlich verdienen hier in Erwähnung gebracht zu werden: 1) die Ordonnanz Philipp des Schönen von 1302; 2) das Edikt Philipp V. von 1319; 3) Erklärung Karl VI. von 1411; 4) Ordonnanz Ludwig XII. vom Juni 1510; 5) die Ordonnanzen Franz I. vom Oktober 1535, August 1539 und 1. September 1541; 6) Ordonnanz Heinrich III. vom Mai 1559; 7) Ordonnanz Karl IX. vom Januar 1560; 8) die Heinrich's IV. vom Mai 1579; 9) die Ludwig XIV. vom August 1670 tit. 3; 10) Declaration desselben Fürsten vom 15. Juni 1697 und 14. Juli 1699, Art. 13.

So stand unter der Herrschaft der Könige das Notariat bei Ausbruch der Revolution in voller Blüthe und die nun folgende Legislation behielt nicht allein das Institut bei, sondern gab ihm noch wesentliche Verbesserungen; das Gesetz vom 29. September

1791 hob den bisher beſtandenen Unterſchied zwiſchen den Notären
auf und ſtatt der notaires royaux, seigneuriaux und apostoliques
gab es nunmehr nur die einzige Claſſe der notaires publics, welche
berechtigt und verpflichtet wurden, alle die Akten, welche früher nur
beziehungsweiſe die königlichen, herrſchaftlichen oder apoſtoliſchen Notäre aufnehmen durften, nunmehr ohne Unterſchied abzufaſſen, ihnen
den Charakter der Authenticität, welchen die Akten der öffentlichen
Behörden genoſſen, zu geben und unabhängig von den Gerichten
den Vollzug derſelben anzuordnen. Den Schlußſtein bildet das Geſetz vom 25. Ventose, Jahr 11, welches das ganze Inſtitut umfaßt und auf den Grund der königlichen Ordonnanzen, Declarationen
und Edifte, ſowie der Geſetze vom September und Oktober 1791
ordnet und regulirt.

Wir erlauben uns nun, unſern Leſern die wichtigſten Beſtimmungen des Ventose-Geſetzes, da dieſes das heute in Frankreich be-
ſtehende Notariat beſtimmt und beherrſcht, vorzuführen.

Das ganze Geſetz umfaßt 69 Artikel, von welchen die 67
erſten in III Titel, und dieſe wieder in Sektionen getheilt ſind, die
zwei letzten, 68 und 69, generelle Beſtimmungen enthalten. Tit. I.
handelt in 2 Sektionen (30 articles) die Funktionen, die Pflichten
und den Amtsbezirk des Notärs, die Form ſeiner Akte, die Beſtimmung über deſſen Repertorium und Archiv ab. Wir laſſen der Wich-
tigkeit halber, welcher dieſer Titel für das Inſtitut überhaupt hat,
denſelben in ſeiner erſten Sektion in der Ueberſetzung, ohne Abkürz-
ung und vollſtändig folgen:

1) Die Notäre ſind die öffentlichen Beamten, die eingeſetzt ſind,
um alle Aufſätze oder Contrakte, denen die Parteien den Rechtsgil-
tigkeitscharakter, der den Akten der öffentlichen Gewalt eingeprägt iſt,
geben laſſen müſſen oder wollen, aufzunehmen, das Datum davon
zu verſichern, die Verwahrung davon zu behalten, ausgefertigte Contrakte und Abſchriften zu ertheilen.

2) Sie ſind lebenslänglich eingeſetzt.

3) Sie ſind verbunden, ihr Amt zu leihen, wenn ſie darum
erſucht werden.

4) Jeder Notär muß an dem Ort wohnen, der ihm von der
Regierung feſtgeſetzt werden wird. Im Uebertretungsfalle ſoll der

Notär als Demissionär betrachtet werden; es kann demzufolge der Großrichter, Minister der Gerechtigkeitspflege, nachdem er das Gutachten des Gerichtes darüber eingeholt, der Regierung die Stellbesetzung vorschlagen.

5) Die Notäre üben ihr Amt, nämlich die der Städte, wo das Appellationsgericht eingesetzt ist, in dem Umfange der Gerichtsbarkeit dieses Gerichtes;

jene der Städte, wo nur ein Gericht erster Instanz ist, in dem Umfang der Gerichtsbarkeit dieses Gerichts;

jene der andern Gemeinden in dem Umfang der Gerichtsbarkeit des Friedensgerichts.

6) Es ist einem jeden Notär verboten, außer seinem Bezirke zu instrumentiren, bei Strafe, seines Amtes während 3 Monaten entsetzt, und im Wiederholungsfalle ganz abgesetzt und in Schaden und Unkosten verurtheilt zu werden.

7) Die Notärsämter sind mit denen der Richter, Regierungskommissäre bei den Gerichten, ihren Substituten, Gerichtsschreibern, Advokaten, Pedellen, Vorstehern der Einnahme der mittel- oder unmittelbaren Steuern, der Richter, Gerichtsschreiber und Gerichtsboten der Friedensgerichte, der Polizeikommissäre und der Kommissäre bei den Verkäufen unverträglich.

Art. 8 beginnt die zweite Sektion und bestimmt, daß die Notäre keine Urkunde aufnehmen dürfen, in welchen ihre Verwandte und Verschwägerte (ohne alle Ausnahme in direkter Linie, bis zum Oheim und Neffen einschließlich in der Seitenlinie) Parteien sind, oder die Verfügungen zu Gunsten derselben enthielten.

Art. 9 verfügt, daß die Urkunden vor einem Notär mit Zuziehung zweier Zeugen oder vor zwei Notären aufgenommen werden sollen. Die Zeugen müssen französische Bürger, des Unterzeichnens kundig und in dem Gerichtsbezirk wohnhaft sein, in welchem der Akt aufgenommen wird.

Die Art. 10—30 enthalten nun die weitern Verfügungen über Qualität der Zeugen; auch diese dürfen weder mit dem Notär, noch mit den Parteien verwandt, noch in deren Diensten sein; über die Form der Akte, Correkturen derselben, Eintragung in besondere Register, Repertorien, Aufbewahrung derselben im Original mit Aus-

nahme weniger Akte, die auch in Urschrift (en brevet) ausgegeben
werden dürfen; über Authenticität und Executionskraft derselben;
über das Verfahren, welches einzuschlagen ist, wenn Abschriften mit
executorischer Formel zu Verlust gegangen sind; über Legalisation der
Akte, wenn sie außerhalb des Gerichtsbezirks oder außerhalb des
Departements in Gebrauch kommen.

Titel II. bestimmt in 4 Sektionen von Art. 31—61 inclus.
die Anzahl der Notäre im Verhältniß zur Einwohnerzahl; die Höhe
der Cautionen, welche sie zur Garantie einer guten Amtsführung
zu erlegen haben; die Bedingungen, unter welchen die Zulassung
zum Notariat gestattet ist, welche leider kein vollständiges Rechtsstu-
dium von dem Aspiranten, sondern nur folgende 4 Qualifikationen
verlangen: 1) Genuß der bürgerlichen Rechte, 2) den militärischen
Conscriptionsgesetzen genügt zu haben, 3) Alter von 25 Jahren
und 4) Nachweis, die Stage gemacht zu haben, d. h. sechs Jahre,
in gewissen Fällen auch nur 4 Jahre, auf der Amtsstube eines
Notärs als Clerc und zuletzt als erster Clerc gearbeitet zu haben:
den Amtseid und die Art der Ernennung durch die Regierung; die
Organisation einer Disciplinarkammer, welche in Concurrenz mit der
öffentlichen Behörde die Aufführung der Notäre eines Bezirks über-
wacht, übrigens auch das Interesse des Notariats im Allgemeinen
durch Beschlüsse und Anträge an die Gerichte oder die Regierung
wahrnimmt; endlich den Ort, an welchem die Urkunden eines abge-
setzten, resignirten oder gestorbenen Notärs aufbewahrt werden sollen;
die Art und Weise der Uebertragung derselben an die Amtsnachfolger.

Titel III. verfügt in Art. 62 bis 67 inclus. über das damalige
Personal im Notariat und der Tabellionage und legt demselben gewisse Verpflichtungen auf, wie z. B. die Option, wenn Notäre
mehrere Aemter zugleich bekleideten, unter diesen: die Leistung des
Amtseides; die Nachsuchung beim Gouvernement im früheren Amte.

Die allgemeinen Bestimmungen der Art. 68 und 69 enthalten
die Abrogation der früheren Notariatsgesetze und Strafen bei Con-
traventionen gegen einzelne Bestimmungen des Ventose-Gesetzes.

Das Notariat in dieser Gestalt hat sich bis jetzt in Frankreich
in der schönsten Blüthe erhalten, erfreut sich der Sympathie aller
Einwohnerklassen und trägt hauptsächlich zur Beschleunigung des

Gerichtsganges bei, da die Gerichte fast von allen Geschäften der freiwilligen Justiz befreit sind. Die Notäre sind die Rathgeber, die Vertrauten der Familien und oft die Erhalter der Ehre und der Glücksgüter derselben, so daß in jeder Beziehung dieses Institut zur Nachahmung empfohlen werden darf. Allerdings kommen auch Klagen gegen Mißbräuche vor, sind schändliche Prellereien, Schwindeleien und Unterschlagungen einzelner Notäre schon zu Tage gekommen. Aber dies beweist Alles nichts gegen das Institut, sondern nur gegen die Individualitäten. Uebrigens ist auch das französische Notariat der Verbesserung fähig und selbst bedürftig, da einige Bestimmungen desselben offenbar zu tadeln sind, namentlich daß die Notariatsbureaus, resp. das Amt, Eigenthum des betreffenden Beamten und seiner Familie, sonach erblich und käuflich*) ist, und daß nicht ein volles Studium des Rechts von den Aspiranten gefordert wird.

Die deutschen Länder auf dem linken Rheinufer, auf welche die französische Occupation die französische Legislatur übertrug, haben, seitdem sie unter deutsche Herrschaft zurückgekehrt sind, das Institut des Notariats beibehalten, aber wesentlich verbessert, so daß keine besondern Klagen gegen dasselbe vorzukommen pflegen.

Preußen, Bayern und Hessen haben die Verkäuflichkeit des Amtes aufgehoben, ebenso die Verpflichtung zur Stellung von Cautionen und fordern von den Candidaten dieselbe Ausbildung im Rechte wie von den übrigen Staatsdienstaspiranten. Auch haben diese Länder den Kostentarif präciser geregelt, der allerdings in Frankreich höchst vage ist und viel zu wünschen übrig läßt.

Auch in den meisten italienischen Staaten besteht das Notariat nach französischer Grundlage, mit Modifikationen und Verbesserungen jedoch; so in Neapel, im Kirchenstaat, in Sardinien und Toscana. Der letztere Staat hat sich um die Verbesserung der Notariats-Ordnung durch das Gesetz vom 11. Februar 1815 besondere Verdienste erworben.

---

*) Die Restauration hat im Jahre 1816 durch ein Gesetz vom 28. April desselben Jahres die durch die Revolution aufgehobene Verkäuflichkeit der Aemter bezüglich des Notariats, wie schon früher bemerkt, wieder hergestellt.

In dem übrigen Deutschland war das Material indessen nicht in dem Maße, wie in Frankreich fortgebildet worden, und nach Auflösung des deutschen Reichsverbandes verlor es fast alle Bedeutung. In den meisten deutschen Staaten findet man von da an nur noch eigne Wechselnotäre, d. i. für die Wechselgeschäfte exclusive bestimmt. Das Amt der freiwilligen Gerichtsbarkeit findet sich mit dem der streitigen fast überall vereint und wird gepflegt und versehen durch die Untergerichte *), meist durch Assessoren oder auch Aktuare. Man ist der Selbstständigkeit der Notäre entgegen, weil man fürchtet, sie möchten leicht dadurch Gegner der Regierungen und Anhänger der Umsturzpartei werden, und führt einzelne Fälle als Belege an. Letztere aber vermögen Nichts zu beweisen, da ja aus allen Classen der Staatsangehörigen Männer der revolutionären Partei aufgetaucht sind, und wahrlich ist es kein Erfahrungssatz, daß unter diesen die Notäre in vorwiegender Zahl sich finden; denn der Notar hat vor Allem, wenn sein Amt gedeihen und ihm einen befriedigenden Ertrag abwerfen soll, staatliche Ruhe und Ordnung nothwendig. In der That hat auch die neueste Geschichte Frankreichs bewiesen, daß bei weitem die immense Majorität der Notäre sich auf der Seite der Conservativen befindet.

Man hat von einer Seite angerathen, diese Selbstständigkeit dadurch zu schmälern oder aufzuheben, daß man die Notäre von Staatswegen besolden, und daß man sie unbedingt der Versetzung unterwerfen solle. Gegen beide Vorschläge streiten aber höchst gewichtige Argumente.

Der Besoldung von Staatswegen steht entgegen, daß durch eine solche das Interesse und der rege Eifer der Notärs für die Erledigung der Geschäfte in hohem Grade leiden würde, da sich hier der Notär in ähnlichem Falle befindet, wie der Advokat und Anwalt; daß für die außerordentliche Verantwortlichkeit, welche den Notär bezüglich seiner Amtsführung belastet, ein entsprechender Gewinn von Emolumenten nothwendig gegeben sein muß, denn seine Verantwortlichkeit ist formell und materiell viel präcisirter und von

---

*) Im diesseitigen Bayern durch die Bezirks- und Landgerichte.

unbedingterer Consequenz, als die aller übrigen Beamten des Staats-
haushaltes, abgesehen davon, daß um die Besoldung in gebührender
Würdigung der Arbeit und Verantwortlichkeit des Notärs zu firiren,
der Staat ziemlich hohe Ansätze nehmen müßte und so bei der
großen Zahl der Notäre, wie sie namentlich in den bevölkerteren
Provinzen nothwendig würde, eine enorme Mehrbelastung des Justiz-
etats herbeiführen würde. Bei geringen Besoldungen aber würde
man der höchst bedenklichen und gefährlichen Chance begegnen, sich
ein gewissenloses, der Bestechung und Schlechtigkeit zugängliches Be-
amtenproletariat zu schaffen. Und welche der Rechtsgelehrten würden
sich dann auch für solche Stellen melden? Jedenfalls nur diejenigen,
welche sich für die übrigen Staatsdienste nicht fähig fühlten.

Der letzte Grund ist auch geltend zu machen gegen das unbe-
dingte Versetzungsrecht des Staates. Es ist eine natürliche und
bekannte Sache, daß Beamte, wie Notäre und Advokaten, erst im
Laufe der Zeiten im Stande sind, zu einer befriedigenden Praxis zu
gelangen; haben sie endlich eine solche erlangt, so muß ihnen doch
eine Garantie gegeben seyn, dieselbe, wenn nicht von ihrer Seite
durch schwere Pflichtverletzung gefehlt wird, erhalten zu können.
Durch eine Versetzung aber könnten sie leicht auf ihren frühern An-
fangspunkt wieder zurückgeworfen werden. Es müßte daher eine
Versetzung nur in Folge gewichtiger Disciplinarurtheile gestattet seyn:
denn Jedermann wird wohl im Falle offener Pflichtverletzungen dem
Staate gern das Versetzungsrecht des Notärs einräumen. Den vom
Staate besoldeten Beamten trifft die Versetzung keineswegs so schwer,
wie sie den Notär treffen würde, da er immer dieselbe Besoldung
hat, und von ihnen kann daher nicht auf den Notär argumentirt
und geschlossen werden. Endlich ist auch die Selbstständigkeit der
Notäre durch die Disciplinargewalt ihrer Kammern, und in noch
höherem Grade durch die der Gerichte und das Beaufsichtigungsrecht
der Staatsanwälte begränzt, so daß von ihr weder für das Interesse
des Staats im höheren Sinne, noch für das der Staatsangehörigen
zu fürchten steht. Ein Institut aber ohne alle Mängel ist wohl
bis jetzt nach dem Sprüchworte: nil perfectum sub sole noch nicht
erfunden worden, und so mögen denn die Mängel des Notariats
mit dem vielen Guten desselben, das gewiß jene mehr als paralysirt,

aufgenommen und der Sympathie und Fürsorge der legislativen
Gewalten unsers Vaterlandes empfohlen werden.

In anerkennender Weise sprechen sich Toullier, Réal, Merlin,
Favard, Furgole und überhaupt alle französischen Rechtslehrer und
Staatsmänner von Bedeutung aus, und die Citate ihrer Aussprüche
über das Notariat würden zu weit führen. Aber auch deutsche Juristen von Ruf, welche das Institut kennen gelernt haben, erwähnen
desselben nur mit Lob, und namentlich dürfen wir uns hier auf
Zachariä, Mittermaier und Schlink berufen.

Anhang.

Das Hypothekenamt und das Enregistrement.

In dem alten Frankreich herrschte in dessen meisten Provinzen das römische Hypotheken- oder Unterpfandsrecht und die Wirksamkeit der Unterpfänder hing also nicht von der Eintragung in bestimmte öffentliche Register oder Bücher ab. Nur in einigen Provinzen im Norden des Reiches (Ländern des Gewohnheitsrechtes), konnte die Wirksamkeit der Unterpfandsrechte gegen dritte allein dadurch erhalten werden, daß sie in solche Bücher eingetragen wurde. Diese Provinzen wurden pays de nantissement, Länder der Sicherheit, des Unterpfands genannt, und das Recht war altgermanischer Herkunft. Das System aber nannte man das der publicité des hypothèques, der Oeffentlichkeit der Hypotheken.

Das Zwischenrecht (die während der Revolution erlassenen Gesetze) dehnte das System der Oeffentlichkeit auf ganz Frankreich aus und schuf eigene Aemter, denen die Eintragung der Unterpfandsrechte anvertraut wurde. Zuerst wurden die Verwalter der Staatsgefälle (Domänen) und des Enregistrements mit dieser Funktion betraut, durch das Gesetz vom 21. Ventose Jahr VII. aber eigene Hypothekenämter errichtet.

Nach langen Kämpfen im Staatsrath in dessen Gesetzgebungssektion wurde das System der Oeffentlichkeit beibehalten sowie die Hypothekenämter des Gesetzes vom Jahr VII.

Auf den Werth der beiden Systeme näher einzugehen und zu untersuchen, welches den Vorzug verdiene, ist hier nicht der Ort und wir müssen in dieser Beziehung auf das Civilrecht in dessen Abschnitt: „über Privilegien und Hypotheken" verweisen.

In Frankreich bestehen also bis jetzt öffentliche Kanzeleien, unter dem Namen bureaux des hypotheques, welche dazu dienen, das besprochene System der Oeffentlichkeit der Unterpfands- und Vorzugsrechte auszuführen.

Die Hauptbestimmungen des Ventosgesetzes vom Jahre VII. über die Hypothekenämter sind folgende:

In jedem Sprengel eines Gerichts erster Instanz gibt es ein Hypothekenbureau.

Einem jeden solchen Bureau steht ein Beamter (conservateur des hypotheques, Pfandschreiber) vor, dessen Amtspflicht es ist: durch Eintragung der Privilegien und Hypotheken in die Bücher seines Archivs oder seiner Kanzlei dieselben zu wahren, sowie die Gebühren zu erheben, die zu Gunsten des Staats von jeder Formalität, zu der seine Amtsgeschäfte veranlassen, fixirt sind.

Bevor der Hypothekenbewahrer sein Amt antritt, hat er vor dem Erstinstanzgerichte seines Sprengels den Amtseid zu leisten. Er hat überdieß zur Sicherung einer rechtlichen und fehlerlosen Verwaltung eine Amtscaution in Immobilien (liegenden Gütern) zu stellen. Ueber diese Caution, resp. über deren Annahme hat das Erstinstanzgericht in Benehmen mit dem öffentlichen Ministerium zu entscheiden.

Das Domizil des Hypothekenbewahrers ist auf seiner Kanzlei.

Die Caution muß einen Werth von 20,000 Franken, von 30,000 Franken, von 40,000 Franken, von 50,000 Franken darbieten, je nach der Bedeutendheit des Sprengels und seiner Bevölkerung. In Paris beläuft sich die Höhe derselben auf 100,000 Franken.

Die Hypothekenbewahrer beziehen keine fixe Besoldung vom Staate, sondern Gebühren von ihren Amtsgeschäften, und zwar von den Einschreibungen (Inscriptionen), Uebertragungen (Transscriptionen), Tilgung oder Löschungen der Einschreibungen (Radiationen), von dem Nachschlagen in ihren Registern und von den Copien, die sie von den auf ihren Bureaus deponirten Inscriptionen, Transscriptionen und Radiationen auf Begehren fertigen und ausliefern.

Einzelne dieser Bestimmungen über Amtscaution, Gebühren und dergleichen haben im Laufe der Zeiten nicht bedeutende Veränderungen erlitten. In der Hauptsache aber ist dieses Gesetz heute noch in voller Kraft.

Der Hypothekenbewahrer ist für richtige Amtsführung dem Staate wie den Parteien verantwortlich. Ein gerichtlicher Beamter ist er allerdings nicht, und streng logisch genommen gehört die Abhandlung über ihn nicht in das Kapitel der Justizorganisation, aber er ist ein Beamter der gerichtlichen Polizei, und als solchen glaubten wir ihn, der Vollständigkeit halber, hier aufführen zu dürfen. In Disziplinarsachen unterliegt er der Cognition der Erstinstanzgerichte.

Was wir schließlich vom Hypothekenbewahrer bezüglich der Berechtigung dieses Beamten am Schlusse der Gerichtsverfassung einer Betrachtung unterzogen zu werden, gesagt haben, gilt in noch höherm Maaßstabe von dem Beamten des Enregistrements, der rein zur Verwaltung gehört. Aber wenn wir seinen steten und unmittelbaren Verkehr mit den ministeriellen Beamten (Gerichtsschreibern, Notären, Anwälten und Gerichtsboten) in Anbetracht nehmen, sowie den Umstand, daß seine Funktionen außer der finanziellen auch eine civilrechtliche Seite haben, durch Eintragung der Privaturkunden in seine Register nämlich, wodurch denselben ein sicherer Datum erst gegeben wird, so hoffe ich, wird die Kritik mir die logische Sünde nicht zu schwer nehmen und mir es lieber verzeihen, wenn ich etwas über die Aufgabe zu deren Nutzen und Frommen hinausgehe, als wenn ich etwas Wesentliches innerhalb derselben übersehen hätte.

Das Motiv zur Einführung des Enregistrements in Frankreich ist offenbar ein finanzielles gewesen. Man schuf dadurch dem öffentlichen Schatze eine bedeutende Revenue, ohne direkt Grund und Boden, Gewerbe, Haus und Werkstätte, einzelne Person und Familie mit einer allgemeinen Steuer zu belasten. Die Hauptaufgabe aber im Finanzwesen des Staates ist, für die Steuern die möglichst angenehme, Druck und Ungunst des Volkes vermeidende Form zu finden. Und wenn auch im Gange der Verhältnisse Alle daran müssen, Abgaben dem Enregistrement zu leisten und dann im concreten Falle es vielleicht lästig finden, die Steuer ist nicht so anstößig überhaupt, weil sie nur in speziellen Fällen gegeben wird.

Das Enregistrement besteht also in der Eintragung von Dokumenten, Verträgen, Urkunden jeder Art, für welche das Gesetz die

7

Einregiſtrirung vorgeſchrieben hat, in hiezu beſtimmte öffentliche Bücher gegen eine geſetzlich firirte Gebühr. Privaturkunden, wie ſchon oben geſagt, erhalten dadurch einen ſicheren Datum (date certain) und mit dem finanziellen iſt ſo ein civilrechtlicher Zweck verbunden, der aber unbeſtreitbar der untergeordnetere iſt. Die Führung dieſer Bücher iſt Finanzbeamten anvertraut, welche receveurs de l'enregistrement heißen, Amtscautionen und Amtseid zu leiſten haben und unter der höhern Adminiſtrativbehörde ſtehen. Sie beziehen Tantièmen der Staatseinnahmen als Beſoldung für ſich, die nebſt andern Gefällen, die aus andern finanziellen Verwaltungen, wie Verkauf der Hölzer aus öffentlichen Waldungen ꝛc. ihnen erwachſen, eine je nach der Größe ihres Sprengels, mehr oder minder bedeutende Revenue, ihnen zuſichern.

Prozeſſe wegen Einregiſtrirung werden vor den ordentlichen Gerichten entſchieden. Die miniſteriellen Beamten alle ſind bei Geldſtrafen verantwortlich, daß alle Urkunden, für welche die Förmlichkeit vorgeſchrieben iſt, wenn ſie in ihre Hände zum amtlichen Gebrauch kommen, der Einregiſtrirung unterworfen werden. Kein Gericht darf in einem Urtheil, kein miniſterieller Beamte in einer Urkunde Bezug auf ein nicht regiſtrirtes Dokument nehmen.

Faſt in jedem Cantone befindet ſich ein ſolches Finanzbureau, das competent iſt bezüglich der Akten, welche die Cantonsbeamten innerhalb deſſelben errichten und bezüglich der Güter, welche innerhalb deſſelben liegen. Privaturkunden dagegen können bei jedem beliebigen Bureau im ganzen Reiche einregiſtrirt werden. Durch Geſetz vom 19. Dezember 1790 wurde das Enregiſtrement für Frankreich eingeführt und das wichtigſte Geſetz für deſſen Organiſation, Competenz und Beſtimmung der Gebühren oder Steuern iſt das vom 22. Frimaire Jahr VII.

Literatur über Enregiſtrement und Hypothekenbureaus.

Nouveau manuel de legislation et de jurisprudence sur l'enregistrement et le timbre par Biret, 1836. Lois du timbre (Stempelgeſetz) et de l'enregistrement extraites du bulletin des lois, par Tardif 1827. Dictionnaire général de l'enregistrement, des domaines et des hypotheques, par Trouillet 1835. Juris-

prudence de l'enregistrement, par Perry. 1835. Mehrere Wör-
terbücher noch über Enregistrement, Stempelgesetz und Hypotheken-
wesen von Teste-Lebeau 1833, von verschiedenen unter der Redaktion von Masson de Longpré. 1837, von Championnière et Ri-
gaud 1835 et seq.

Zeitrechnung während der Revolution.

Französische Münze, Maaß und Gewicht.

Die Bestimmungen über Zeitrechnung, Münze, Maaß und Gewicht hängen so oft mit den Fragen des bürgerlichen und Straf-
rechts zusammen, das heißt sie stehen in genauer Verbindung mit
der Lehre von der Auslegung oder Interpretation der Gesetze, in
welchen Zeitbestimmungen ꝛc. vorkommen, daß wir nicht glauben,
diesen Theil der Gesetzgebung übergehen zu dürfen, wenn er auch
strenge genommen nicht seine Stelle hier zu finden hätte. Namentlich ist Obiges von der Zeitrechnung zu verstehen, an diese aber
reiht sich sehr natürlich die Besprechung auch der Münze, des
Maaßes und Gewichtes in den Veränderungen, welche sie durch die
Revolution erfuhr, an.

Der Nationalconvent erließ im zweiten Jahre seiner Macht ein
Gesetz, nach welchem eine neue Zeitrechnung in Frankreich eingeführt
wurde. Die Zählung der Jahre sollte eine andere werden, so wie
die Eintheilung des Jahres selbst. Deßhalb mußte auch der bis-
herige Gregorianische oder christliche Kalender abgeschafft werden und
einem republikanischen weichen.

Der Grund dieser seltsamen Erscheinung aber ist in der Situa-
tion der damaligen Verhältnisse und in den Tendenzen derer zu
suchen, welche diese Verhältnisse beherrschten. Das Haupt des un-
glücklichen Monarchen war auf dem Blutgerüste gefallen, ein großer
Theil des Adels ermordet oder ausgewandert, ebenso ein bedeutender
Theil des Clerus, die Verhältnisse der alten Monarchie in allen ihren
Theilen aufgelöst, alle Feudalverhältnisse aufgehoben und die Macht-
haber im Nationalconvent machten es sich zur Aufgabe, um alle
Rückkehr dem Volke abzuschneiden, dasselbe von allen alten Erin-
nerungen loszureißen. Der junge neugeborne Staat sollte sich von

aller Vergangenheit lossagen und alle Zeit künftig von dem Tage seiner jungen Existenz an berechnen. Zugleich glühte schon damals der verbrecherische Gedanke, den Altar des Christenthums umzustürzen und den Dienst der Vernunft einzuführen, in dem wahnwitzigen Gehirne jener Demagogen, welche die Welt noch heute nur mit Abscheu und Schrecken nennt. Und die Abschaffung des christlichen Kalenders mit seinen Feiertagen, der christlichen Zeitrechnung überhaupt galt ihnen als Mittel, ihre schändlichen Zwecke durchzuführen, jedenfalls als vorbereitende Sache von Gewicht. So wurde denn durch das Gesetz vom 4. Frim. II. und 7. Fructidor. III. der 22. September 1792, als der Stiftungstag der Republik, als Anfang der neuen Aera dekretirt, von welchem Tage an nun mit Jahr I. Jahr II. der Republik und so weiter gerechnet werden mußte. Alle Aemter und Behörden weltlichen, geistlichen und militärischen Standes, alle Privatleute mußten nun so rechnen, bei Strafe als Feinde des Vaterlandes angesehen zu werden.

Das Jahr fing an um Mitternacht des Tages, auf welchen die Tag- und Nachtgleiche des Herbstes für die Pariser Sternwarte fiel. Es wurde eingetheilt in zwölf Monate, jeder Monat in drei Decaden oder Wochen von 10 Tagen; die fünf übrigen Tage des Jahrs, denn durch die 36 Decaden konnten nur 360 Tage eingereiht werden, wurden keinem Monate zugetheilt und hießen Ergänzungstage, jours complémentaires: in den Schaltjahren gab es deren 6.

Das erste Jahr der Republik fängt sich also an mit dem 23. September 1792.

Die Monate wurden zugleich umgetauft, und in ihrer neuen Reihenfolge hieß nunmehr:

1. Der Monat vom 22. September bis 22. Oktober Vendémiaire, Herbstmonat.

2. Der vom 22. Oktober bis 21. November Brumaire, Nebelmonat.

3. Der vom 21. November bis 21. Dezember Frimaire, Reifmonat.

4. Der vom 21. Dezember bis 20. Januar Nivôse, Schneemonat.

5. Der vom 20. Januar bis 19. Februar Pluviose, Regen-
monat.

6. Der vom 19. Februar bis 21. März Ventôse, Windmonat.

7. Der vom 21. März bis 20. April Germinal. Keim- oder
Sproßmonat.

8. Der vom 20. April bis 20. Mai Floréal. Blüthemonat.

9. Der vom 20. Mai bis 19. Juni Prairial. Wiesenmonat.

10. Der vom 19. Juni bis 19. Juli Messidor, Erntemonat.

11. Der vom 19. Juli bis 18. August Thermidor, Hitzmonat.

12. Von da bis 22. September Fructidor, Obstmonat.

Durch Senat-Consult vom 22. Fructidor Jahr XIII. das ist
also vom 9. September 1805 wurde unter Napoleon der Gregorianische Kalender für ganz Frankreich eingeführt und die alte
christliche Zeitrechnung wieder angenommen und zwar vom 11. Nivôse
des Jahres XIV. das heißt vom 1. Januar 1806 an.

Eine andere Einrichtung der Revolution aber, betreffend Münze,
Maas und Gewicht, von nun an auf das Dezimalsystem und die
Messung des Meridians gegründet, hat sich nicht allein in Frankreich bis auf den heutigen Tag erhalten, sondern in einer Menge
anderer Staaten Propaganda gemacht, so daß die Zeit vorauszusehen
ist, in welcher in allen civilisirten Ländern wenigstens Maas und
Gewicht nach dem Dezimalsystem bestimmt werden.

Durch das Gesetz vom 17. Floréal Jahr VII. (6. Mai 1799)
war befohlen worden, daß vom 23. September 1799 (dem Neujahrs-
tag vom Jahre VIII.) die Summen in Verträgen und Urkunden
nimmer anders als nach dem Dezimalsystem eingeführt oder evaluirt
werden durften. Die unterste Einheit dieses Münzsystems ist ein
Centime, Hunderttheil. Hundert Centimes geben einen Franken, der sich zum alten Livre (Livre auch franc tournois, Tournose)
verhält wie 1 zu 1,03, so daß 48 Livres alter Münze 47 Francs,
20 Cent. neuer Münze gleich gestellt wurden, so wie das alte 3
Livrestück = 2 Francs, 75 Centimes, das alte 6 Livrestück = 5
Francs, 80 Centimes.

25 Centimes = $^1/_4$ Franc. (etwa 7 Kreuzer).

50 Centimes = $^1/_2$ Franc. (etwa 14 Kreuzer).

100 Centimes = 1 Franc. (etwa 28 Kreuzer).

In derselben Weise wird vom Franken an aufwärts das Geld in Frankreich gemünzt, nämlich man hat 5 Francs- 10 Francs- 20 Francs und noch höhere Stücke, von 10 Francs an in Gold. Durch die Gesetze vom 1. August 1793 und 18. Germinal III.. 1. Vendémiaire IV., 19. Frimaire VIII. und das Dekret vom 12. Februar 1812 war und zwar durch jenes vom 1. August 1793 das neue System in Maas und Gewicht adoptirt, durch die andern Gesetze und das Dekret weiter geregelt worden.

Die Einheit des Gewichts bildete jetzt der Gramm (Quentchen) altfranzösisch Denier. Zehn Gramm bilden ein Decagramm (gros), hundert Gramm bilden den Hektogramm (once), tausend Gramm den Kilogramm (etwa 2 Pfund Zollgewicht). zehntausend Gramm den Myriagramm.

Der Gramm bildet sich aus 10 Decigramm oder 100 Centigramm oder 1000 Milligramm.

Die Einheit des Längenmaaßes bildet der Meter, gebildet aus 10 Dezimeter oder (ehemals palme) aus 100 Centimeter (doigt) oder aus 1000 Millimeter (trait).

Der Meter selbst entspricht 3 Fuß 11 Linien Pariser Maaß. Aufwärts bilden 10 Meter einen Decameter (perche), 10 Decameter einen Hektometer (100 Meter), 10 Hektometer einen Kilometer (1000 Meter), 10 Kilometer einen Myriameter (10,000 Meter, etwa zwei deutsche Stunden).

Das Landmaaß wird durch Arc, Hektare und Centiare gebildet.

Das Gehaltmaaß für Flüssiges wird bezeichnet durch Liter, aufwärts Decaliter, Hektoliter, abwärts Deciliter. (Maaß, Zuber, Ohm, Schoppen.) Das Gehaltmaaß für Trockenes (Getreide ꝛc.) wird bezeichnet durch Liter, Decaliter, Hektoliter, Kiloliter. (Maaß, Viernsel, Schäffel, Malter.) Das Holzmaaß durch Stere, Klafter oder Cubikmeter, und Decistere, (altfranzösisch Solive) Traglast, ¹/₁₀ Cubikmeter.

Durch gesetzliche Verfügungen wurden alle öffentlichen Beamten angewiesen, in ihren Urkunden und Akten, Ausschreibungen und Verträgen bei Vermeidung verschiedener, öst empfindlicher Geldstrafen nur die Ausdrücke des neuen Systems und nicht mehr die des alten zu gebrauchen.

- - -

Inhalt.

Berichtigungen.

In der Vorrede, Seite V, Zeile 11 von oben, wo es heißt: Rheinpreußen, Rheinbayern, Rheinhessen, Baden, ist letzteres Wort Baden durch ein Versehen bei Streichung eines Satzes stehen geblieben. Man bittet dasselbe zu streichen, da Baden nicht zu den von Frankreich occupirten Staaten gehörte, und eben so wenig auf dem linken Rheinufer liegt.

Seite 21 lies procedure civile statt civil.

Seite 24 ebenso.